Commandant WEIL

UN COUPLE ROYAL EN EXIL

LE DUC ET LA DUCHESSE D'AOSTE

(VICTOR-EMMANUEL Ier ET LA REINE MARIE-THÉRÈSE

(1796-1806)

LARGENTIÈRE

IMPRIMERIE MAZEL & PLANCHER

1918

UN COUPLE ROYAL EN EXIL

LE DUC ET LA DUCHESSE D'AOSTE

VICTOR-EMMANUEL Ier ET LA REINE MARIE-THÉRÈSE

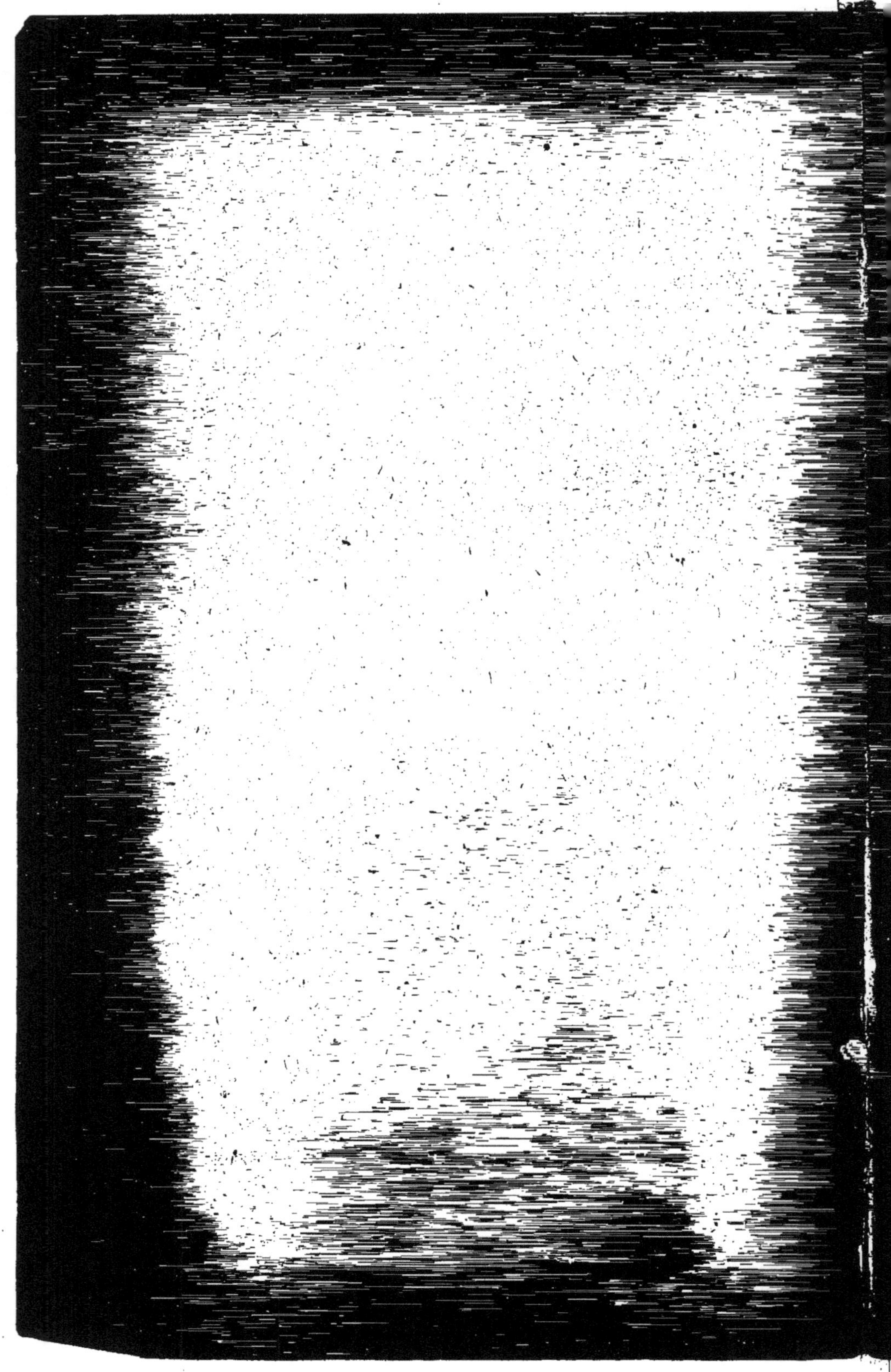

Commandant WEIL

UN COUPLE ROYAL EN EXIL

LE DUC ET LA DUCHESSE D'AOSTE

(VICTOR-EMMANUEL Ier ET LA REINE MARIE-THÉRÈSE

(1796-1806)

LARGENTIÈRE

IMPRIMERIE MAZEL & PLANCHER

1918

UN COUPLE ROYAL EN EXIL

LE DUC ET LA DUCHESSE D'AOSTE

VICTOR-EMMANUEL Ier ET LA REINE MARIE-THÉRÈSE

(1798-1806)

« L'amiral Keith est ici (à Livourne) avec toute son escadre de Gênes, ainsi que le duc et la duchesse d'Aoste qui parlent comme vous pouvez juger [1] », écrivait le 28 juin 1800 Marie-Caroline à Gallo, et le lendemain, 29, revenant à la charge sur le même sujet, elle ajoutait : « Ma position ici est horrible. Tout le monde a peur, le duc d'Aoste, la duchesse qui est enceinte, les marchands anglais, napolitains et russes, parce qu'il y a déjà mille hommes à Sarzana... [1] » La reine des Deux-Siciles ne s'en tenait, du reste, pas là, et le 2 juillet, elle éprouvait le besoin de reparler à Gallo des proches parents qu'elle venait à peine d'entrevoir et de tracer du couple princier un portrait qui n'avait assurément rien de flatteur : « La duchesse d'Aoste et son mari sont ici comme nous. Lui est un honnête homme, un homme de bien. Il est, lui aussi, désespéré. Quant à la duchesse, elle est fort aimable, mais sans beaucoup d'esprit à ce qu'il me semble du moins.... [2] ». La sécheresse, le laconisme, la dureté du jugement, que Marie-Caroline ne craignait pas de porter à trois reprises sur des princes, tous deux ses parents, qui lui

---

1. *Correspondance inédite de Marie-Caroline avec le Marquis de Gallo*, II, 161, et II, 162.
2. *Ibidem*, II, 163.

étaient encore inconnus quelques jours auparavant, m'avait tellement frappé qu'il m'a paru intéressant, non pas de me faire l'apologiste du duc et de la duchesse d'Aoste, mais d'essayer, dans l'intérêt de la vérité historique, de montrer que la nièce de la reine des Deux-Siciles n'était pas la princesse insignifiante qu'elle lui semblait être et que le futur roi Victor-Emmanuel Ier, s'il était assurément loin de posséder toutes les qualités nécessaires à un souverain, surtout à une époque aussi troublée, n'était certainement pas un être poltron et pusillanime, un homme qui se laisse abattre par le malheur, qui s'abandonne au désespoir, au découragement et s'en remet passivement à sa destinée.

C'était d'ailleurs chose facile, puisqu'il me suffisait de consulter, de relire et d'utiliser les précieux documents qu'un historien italien, trop peu connu chez nous, Domenico Perrero [1], a accumulés dans le beau travail qui a pour titre : *I Reali di Savoia nell' Esiglio* et de profiter des patientes et consciencieuses recherches auxquelles cet infatigable travailleur a consacré la plus grande partie de sa vie.

Grâce aux trouvailles faites par Perrero tant aux Archives de Turin qu'à la Bibliothèque du Roi, c'est à l'aide des emprunts que je ne cesserai de faire à la correspondance intime et privée du duc et de la duchesse que j'espère mener à bonne fin l'espèce d'enquête à laquelle je vais procéder et parvenir à donner à mes lecteurs une idée exacte et réelle, tant du rôle joué par le duc et la duchesse d'Aoste, que de leur caractère, de leurs qualités et de leurs défauts.

Pour qu'on puisse cependant mieux juger le couple princier, dont Marie-Caroline venait de faire la connaissance à la fin de juin 1800, il m'a paru indispensable de remonter un peu plus haut, de suivre le roi Charles-Emmanuel et la famille royale à travers leurs périgrinations et leurs épreuves, presqu'à partir du lendemain de l'abdication du 9 décembre 1798 jusqu'au moment où en février 1806 le roi Victor-Em-

---

1. Cf. Ermano Ferrero. *Domenico Perrero*. Notizia biografica e bibliografica. Turin, 1902.

manuel, chassé de son dernier asile sur le continent, fut contraint à revenir s'installer en Sardaigne.

Si le duc d'Aoste ne brillait pas précisément par l'intelligence, s'il n'avait pas acquis toutes les connaissances nécessaires, surtout à un prince, si l'on peut lui reprocher à bon droit d'avoir été l'ennemi de tout progrès, l'adversaire de toute innovation au point que toute réforme lui faisait l'effet d'une révolution, il est en revanche impossible de mettre en doute son courage. Il était brave comme tous ceux de sa race et de sa maison. Il en avait donné la preuve au cours des campagnes de 1792, de 1794, de 1795, au cours desquelles il n'avait pas eu occasion de mettre en lumière les talents militaires qu'on lui prêtait et qu'il croyait avoir. « Connu par sa haine pour nous et capable de se mettre à la tête d'un parti », comme l'écrivait Grouchy en décembre 1798, il avait refusé d'adhérer à l'armistice de Cherasco et avait dû pour cette raison se résigner, cédant à la force et à la nécessité, à apposer sa signature sur l'acte par lequel son frère Charles-Emmanuel IV renonçait au pouvoir [1].

Lorsque la famille royale quitta Turin pour prendre le chemin de l'exil, le duc d'Aoste n'ignorait pas qu'il avait été bien près de ne pouvoir partir et qu'à cause de l'inquiétude qu'inspirait son nom, on avait sérieusement songé à s'assurer de sa personne. Son sort était loin d'être définitivement réglé ; sa liberté dépendait d'une foule de circonstances et même d'incidents impossibles à prévoir. Il se savait donc exposé à de réels dangers et cependant on ne saurait trouver la moindre trace de frayeur ou même de préoccupation et d'émotion dans la relation qu'il crut devoir rédiger du triste voyage qui conduisit la Maison de Savoie, de Turin à Parme, et de là à Florence :

Le commandant de l'escorte [2] mit de continuelles entraves dans notre voyage et nous fûmes souvent menacés d'être recon-

---

1. « Je garantis que je ne porterai aucun empêchement à l'exécution du présent acte. » VICTOR-EMMANUEL.
2. Chipault.

duits en arrière et même en France. C'était la première idée que
le général français [1] nous avait annoncée lorsqu'il nous fit prisonniers à Turin. Une fois arrivés à Florence, il empêcha encore que
nous puissions avoir communication avec les députés Sardes,
venus pour inviter le roi [2] à se porter au plus tôt en Sardaigne,
aussi souvent que nous l'aurions désiré, et pendant tout le temps
de notre voyage les Français firent le possible pour révolutionner
la Sardaigne, ce qui ne leur réussit point. Ils mirent les plus
grandes entraves à notre départ pour Livourne [3].

Tout particulièrement en butte aux tracasseries, aux
exigences, aux insolences même de Chipault, le duc d'Aoste
ajoutait :

M. Chipault voulut m'empêcher de partir (de Florence) avec
les autres ; mais lui ayant observé que c'était une violation de la
capitulation contractée avec Sa Majesté..., que d'ailleurs lui n'avait
aucune troupe à sa disposition pour m'arrêter, il me fit dire, apparemment n'osant pas se présenter lui-même, que si je voulais
absolument suivre les autres à Livourne, il n'aurait pas l'autorité
de m'empêcher. En conséquence de quoi je partis avec ma famille
une heure après et je trouvais les autres à la première étape.....
Mais, soit que lui se soit repenti de m'avoir laissé partir, ou que
l'ambassadeur de France lui en ait fait des reproches, il laissa le
roi, et le lendemain vint se fourrer dans mon antichambre à
Livourne.

Cependant, comme il n'avait aucune force physique (sic), il
ne me gênait plus. J'avais placé du monde à Lucques pour
m'avertir si les Français eussent fait le moindre mouvement pour
venir à Livourne, et il y avait dans la darse des bateaux dont je
pouvais me servir pour me transporter au premier avis sur un
vaisseau de ligne, qui était dans la rade, avec toute ma famille.
Ainsi le moment de mon arrivée à Livourne fut celui que je me
vis en sûreté contre toute atteinte des Français.

1. Clausel.
2. Charles-Emmanuel IV.
3. Perrero. *Gli ultimi reali di Savoia del ramo primogenito ed il principe Carlo
Alberto di Carignano.* Page 445.

La situation dans laquelle le duc d'Aoste se trouvait à Livourne à la fin de décembre 1798 était, pour le moins, aussi critique que celle qu'allaient lui faire les évènements dix-huit mois plus tard, et cependant il ne paraît pas qu'il ait à ce moment donné le moindre signe de ce découragement, de cette peur qui, au dire de Marie-Caroline, s'était emparée de lui, comme de tout le monde, à Livourne en juillet 1800.

Impatient de quitter la Sardaigne où il n'avait éprouvé que des déboires causés en grande partie par la faiblesse du roi, par l'ascendant qu'avait su prendre sur le pieux Charles-Emmanuel, bien plus fait pour le cloître que pour le trône, la reine Marie-Clotilde à laquelle il avait peu à peu abandonné la direction des affaires du royaume, accablé de douleur par la mort de son fils unique, le prince Charles-Emmanuel (enlevé à l'âge de deux ans et demi par la variole le 9 août 1799), désireux de retourner au plus vite en Italie où les victoires des Austro-Russes avaient forcé les Français à évacuer le Piémont, le duc d'Aoste, sans attendre le départ du roi [1], s'était embarqué avec la duchesse le 15 avril 1799 à Porto-Torres, laissant sa fille Béatrice à Cagliari, et était arrivé le 20 à Livourne, d'où il se proposait de se rendre, sans perdre une minute, auprès de Souvaroff. Il était loin de se douter que l'Autriche, qui suivait ses démarches d'un œil inquiet, avait opposé une espèce de *veto* à la réalisation du désir, cependant bien légitime, exprimé par un prince de la Maison de Savoie. La réponse du maréchal, qu'il reçut à Modène, ne pouvait lui laisser aucun doute.

Souvaroff lui conseillait de s'établir jusqu'à nouvel ordre à Verceil et d'y attendre le retour du Ministre plénipotentiaire extraordinaire [2], que le roi Charles-Emmanuel ferait bien d'envoyer au tzar « en ce moment-ci très à propos et ne manquerait pas son but » de contrebalancer ainsi à

---

1. Charles-Emmanuel ne débarqua sur la *Fulminante* que le 18 septembre 1799.

2. On y envoya le Chevalier Balbo. Ce choix peu heureux avait été dû en grande partie à l'intervention de la duchesse d'Aoste.

Saint-Pétersbourg l'influence de plus en plus active de l'Autriche.

Le duc d'Aoste ne se faisait aucune illusion sur la portée du refus réel que l'on avait essayé d'atténuer en l'entourant de périphrases bien vagues et presqu'énigmatiques. La lettre, que la duchesse adressait le 1er septembre à son beau-frère, le duc de Genevois, son confident habituel, nous en fournit la preuve irréfutable : « En premier, mon mari comptait aller au Quartier-Général ; mais Souvaroff, obsédé par les Autrichiens, l'a prié de s'arrêter à Alexandrie et lui a conseillé de ne point aller à Turin où Concina, Commissaire Impérial, ruine tout le pays en contributions qu'il exige et exactions qu'il permet... Les Autrichiens se conduisent partout d'une manière digne d'eux-mêmes. »

N'est-ce pas là un langage qu'on ne devait guère s'attendre à voir tenir par une archiduchesse d'Autriche [1], un langage qui à lui seul permet de penser que Marie-Caroline a porté sur sa nièce un jugement quelque peu téméraire.

S'inclinant devant les conseils de Souvaroff, le duc d'Aoste se sépara à Modène de la duchesse, qui prit à petites journées le chemin de Parme, et se rendit seul et au plus vite à Verceil, où la nouvelle de la mort, presque subite, de son frère préféré, le duc de Montferrat, lui porta un nouveau coup.

Quelle catastrophe, mon cher frère ! écrit-il le 21 septembre au duc de Genevois... Je suis seul ici, abandonné à toutes mes réflexions et avec l'inquiétude que ma femme, qui est à Parme, n'en souffre aussi, et je ne puis lui permettre de venir ici jusqu'à ce que les Français aient fini leurs courses... Moi, je ne me fie pas de retourner la trouver à Parme parce que, comme les Allemands me voient mal volontiers ici, je crains qu'en sortant on ne me laisse plus rentrer.

D'ailleurs, ajoutait-il, le pays nous désire tant, malgré que

---

1. La duchesse d'Aoste, Marie-Thérèse d'Autriche, était la fille de l'archiduc Ferdinand, gouverneur du Milanais et frère de la reine Marie-Caroline.

je ne fais rien que sous main par le canal de Saint-André [1]
n'ayant pas pu déployer mon caractère, étant venu ici sous le
prétexte de vaquer à mes biens [2], que si je m'en allais ils se
croiraient livrés aux Autrichiens qui les aliment et ne nous lais-
sent pas même organiser les troupes.

Telles avaient été pour le duc et la duchesse d'Aoste les
premières étapes, les premières épreuves de cette triste
odyssée qui allait durer six grandes années, épreuves d'autant
plus dures en ce moment que « Sa Majesté, comme Chalambert lui-même, ne pouvait faire autrement que de le
mander au duc, est décidée à s'attirer autant que possible la
confiance de la cour de Vienne et *de se prêter à ses désirs* ».

Avec ou sans la permission de Thugut, la duchesse d'Aoste
avait pourtant fini par rejoindre son mari.

Me voilà enfin arrivée à Verceil, mande-t-elle, le 4 novembre
1799, au duc de Genevois, où j'ai trouvé d'Aoste, bien portant,
mais dans la même triste situation.

— Depuis le départ de Souvaroff les Autrichiens n'ont plus
bougé, se contentant de repousser l'ennemi. Quand ils les atta-
quaient, les Français avaient presque toujours le dessus ; mais
peu après les autres recevaient des renforts et les rechassaient
pour les attendre de nouveau à la même place. Voilà notre situation.

Quelques semaines plus tard, le 30 novembre, la duchesse ne peut s'empêcher de laisser libre cours à ses critiques, à ses doléances, à ses rancunes, à ses griefs, conséquences des vieilles dissensions de famille qui, loin de s'atténuer, n'ont fait au contraire que s'accentuer au cours des
dernières épreuves :

Le roi est toujours à Poggio Imperiale et de là Chalambert
fait, en guise d'Arlequin, mille promotions de robe et d'épée qui

---

1. Marquis de Saint-André, lieutenant du Roi en Piémont.
2. L'Abbaye de Lucedio, dont Pie VI avait fait une commanderie et qu'il
avait donnée en apanage au duc.

me donnent mal au cœur. Enfin je suis bien malheureuse de m'être si fort attachée à la famille et au pays pour ne voir que leur ruine, et ma seule consolation est de n'y avoir certainement pas contribué. Je ne me suis mêlée de rien jusqu'au moment où j'empêchais à Parme qu'on demandât un embarquement pour nous à la France, démarche qui nous aurait perdus sans ressources. Je ne suis entrée en rien et c'est ce qui me tient encore en vie, sans cela je mourrais de désespoir.

Sur ces causes déjà si sérieuses d'affliction et de douleur venaient encore se greffer d'autres tourments, d'ordre matériel, il est vrai, mais non moins graves quoique plus prosaïques, les embarras financiers qui prenaient des proportions telles qu'ils semblaient sans issue :

Nous sommes toujours ici, écrivait à son tour le 21 février 1800 le duc d'Aoste à son frère Genevois, dans une très honorable pauvreté, car j'ai toutes les peines à tirer ce qu'il me faut pour vivre avec mon monde d'un mois à l'autre et très frugalement, la Commanderie ayant été bien maltraitée : 1° par les Français, 2° par nos voleurs, 3° par les Allemands et leurs avides commissaires, 4° par un impôt récent qui m'emporte la moitié juste de ses produits sans qu'on ait voulu faire aucune déduction.

Au milieu de ses préoccupations et de ses tourments, la duchesse, un peu réconfortée par les témoignages de sympathie et d'attachement que lui prodiguaient à elle et au duc, la noblesse et toute la population de Verceil, consignait dans la plupart de ses lettres à Charles-Félix une série de remarques et d'observations qui permettent de se faire de son esprit et de son caractère une tout autre idée que celle qu'en avait Marie-Caroline, et c'est ainsi qu'en février 1800 elle lui écrit :

Les notres bals finissent lundi, et ils seraient asssez jolis s'il n'y avait pas eu tant d'Autrichiens dont la présence, quoiqu'ils soient honnêtes, embarrasse toujours notre situation. Toutes les dames sont vieilles ici et toutes les filles laides et en si grand nombre que cela passe l'imagination ; car depuis dix ans on n'est plus du tout du goût de se marier dans cette ville et nous avons compté hier quinze partis qui pourraient être de bons établissements, s'ils voulaient en entendre parler.

Tout le monde nous fait cependant bien des fêtes et nous ne pouvons assez nous louer de cette noblesse.

Mais ce n'étaient là que des heures bien fugitives au milieu de la monotonie, des tristesses et même des humiliations d'un séjour qui ressemblait presqu'à un enterrement, rendu plus intolérable encore par la défiance, par les propos hostiles des généraux autrichiens. Le général Zach n'avait-il pas été jusqu'à dire à Saint-André, en lui parlant du duc : « Il eut mieux valu qu'il ne fût pas venu, mais s'il nous gêne et nous ennuie, nous aviserons. »

Tout cela joint à la tristesse de ce séjour, dira le 22 mai la duchesse sur le point de quitter enfin Verceil, m'en dégoûta si fort qu'à force de tourmenter mon mari, j'obtins enfin qu'il songeât à se transférer à Moncalier... Par surcroît de bonheur, il semble que j'ai eu un pressentiment de ce qui nous menaçait, car voici les Français sous Bard, pour où on a fait partir les débris des Gardes ce matin, et nous voilà heureusement dans le cas de partir sans donner d'alarmes. Notre cardinal [1] est désolé de notre départ, ainsi que généralement tous les bons, ce qui fait que je ne pars pas sans regrets, et même les Français m'ont rendu un service venant à Bard, car par là je ne me reproche plus d'être la cause de cette affliction générale. C'est le 23 le départ et après avoir dîné à Sian (?) nous serons le soir à Moncalier que je reverrai avec le cœur bien serré.

La duchesse n'y devait faire qu'un bien court séjour. Le 30, Mélas invitait en effet le duc à se rendre au plus vite à Alexandrie, parce qu'il avait résolu de se mettre sur la défensive sur le Pô et le Tessin. « C'était la veille de la Pentecôte, écrit la duchesse le 3 juin. Jugez de mon regret de partir alors. »

1. Mgr di Martiniana, archevêque de Verceil.

Mais il n'y avait pas un moment à perdre, pas moyen
d'hésiter. Quelque dur que dût être le voyage pour la duchesse, alors enceinte de trois mois, la fatigue la força de passer
la nuit à Villanova dans la maison du maître de poste où
ils se jetèrent « tout habillés sur de mauvais lits ». Le lendemain au soir, on dut s'arrêter à Asti. « J'étais à moitié
morte », écrira la duchesse en annonçant à son correspondant habituel leur arrivée le 2 juin à Alexandrie. Ils ne s'y
arrêtèrent naturellement que bien peu de temps, et dès qu'ils
eurent connaissance de la capitulation de Gênes, ils se re-
mirent en route. « Nous arrivâmes le 11 à 3 heures, morts de
fatigue, à cause des mauvais chemins, écrivait la duchesse
trois jours plus tard, c'est-à-dire le jour même de la bataille
de Marengo. Ma santé a bien souffert dans ce voyage et je
vais me coucher pour me faire soigner par ordre d'Audi-
berti [1] que nous avons avec nous. »

Mais malgré sa fatigue, ses souffrances physiques et
morales, la duchesse n'oubliait pourtant pas la mission que
lui avait confiée son beau-frère, et elle ajoutait : « Quand je
reverrai l'amiral (Keith), je lui parlerai pour vous et j'espère
l'attendrir sur votre sort, moyennant peut-être mon peu
d'anglais... »

Le couple princier ne devait pas trouver à Gênes le repos
et l'asile sûr et tranquille dont la duchesse avait grand besoin. L'armistice, que Mélas avait signé avec Berthier dans
la nuit du 16 juin, cet armistice que la duchesse qualifie
d'*horrible traité* et qui remettait Gênes aux Français, avait
obligé le duc et la duchesse à en sortir au plus vite. « Nous
vînmes ici à Livourne par mer, et, après trois jours de la plus
pénible navigation, nous débarquâmes (le 20 juin), il est vrai
plus morts que vifs, mais cependant en bonne santé, dans le
port. »

Fidèle à la promesse qu'elle avait faite au duc de Genevois, elle s'aboucha aussitôt avec l'amiral Keith « qui est,

---

1. Médecin de la famille royale.

disait-elle, mon grand ami (mais il a 60 ans, savez-vous); il m'a promis de garder les côtes de Sardaigne de tout son pouvoir, ayant déjà expédié un vaisseau de ligne et deux frégates à cet objet avec ordre de croiser devant l'île. Outre cela, il laisse un vaisseau de ligne à la disposition du roi à Civitavecchia et une frégate avec un vaisseau de transport ici pour nous à la rade de Livourne. Vous voyez donc que nous pouvons être tranquilles autant que possible. »

Il faut reconnaître que l'amiral Keith était un précieux ami, et que la duchesse avait su tirer un bon parti de son *peu d'anglais* ; mais on aurait d'autre part grand peine à trouver dans cette lettre, comme dans celle qu'on va lire, la moindre trace de cette peur dont Marie-Caroline parlait quelques jours plus tard à Gallo.

Pour moi, écrit-elle en effet à son beau-frère en lui ouvrant le fond de son cœur, en lui faisant part de ses espoirs et de ses désirs, pour moi, qui voulais dès l'année dernière rester à Cagliari jusqu'à ce que le roi fût installé chez lui, je n'hésite certainement pas sur mon choix, et, si je pouvais l'obtenir, je vous rejoindrais à Cagliari pour avoir au moins un lieu au monde où accoucher tranquillement — car il est impossible qu'une femme grosse voyage sans cesse en souffrant comme je fais cette fois. — Je compte assez sur votre amitié, mon cher frère, pour être persuadée que vous me recevriez volontiers, bien sûr que je ne me mêlerais de rien chez vous, pas plus qu'ailleurs, et ne serais un moment à charge. Si mon mari d'ailleurs voulait rejoindre le roi, qui est à Pesaro, et me voulût avec lui, vous sentez bien que je m'y devrais soumettre ; mais je ne sais si mon physique le pourrait faire aussi bien que mon moral et je ne sais si je pourrais soutenir de nouvelles fatigues et humiliations, roulant de ville en ville, sans devoir, sans projet, sans argent, pour finir enfin dans les Etats de l'Empereur et y mourir d'avilissement, de misère, de honte et de douleur aux pieds de notre plus cruel ennemi, à qui nous devons seul notre ruine, qui en jouit et a, pour comble de satisfaction, celle d'avoir mille reproches à nous faire. Dieu est le maître ; il m'a soutenue jusqu'ici et je me sens du courage, hormis pour ce pays-là, et mon caractère est trop franc pour oser affronter le péril que je courrais, si je me trouvais par malheur dans ma famille à présent ; car mon digne père est malheureusement trompé par Thugut après en avoir été longtemps la victime, et je n'ose le revoir avant qu'il ne soit désabusé.

Que dire de cet aveu si franc, si net, de ce cri de douleur, mais aussi de révolte et d'indignation, poussé par cette archiduchésse d'Autriche qui, loin de trembler devant les dangers qu'elle est cependant fort exposée à courir en Italie, n'est épouvantée qu'à la seule pensée de devoir peut-être chercher un refuge, près des siens, en Autriche ? Que dire du caractère, de l'état d'esprit de cette princesse, devenue foncièrement piémontaise de cœur et d'âme, et que ses ennemis et ses adversaires, quand ils parleront d'elle, n'appelleront plus quelques années plus tard que la *donna austriaca.*

Tout comme Marie-Caroline à Gallo, la duchesse d'Aoste n'avait pas manqué dès le 1er juillet de rendre compte à Charles-Félix de l'effet qu'avait produit sur elle sa première rencontre avec la famille royale des Deux-Siciles.

Ici nous trouvâmes la reine de Naples avec trois filles et un fils attendant des réponses de Vienne pour savoir quand et comment continuer son voyage pour cette capitale. Mes cousines sont bien aimables [1], mais la seconde [2] seule est jolie, et le garçon, laid, mais gentil [3]. Nous dinons chaque jour chez la reine où il y a toute sa cour, les amiraux anglais [4], le commandant autrichien et le cardinal Ruffo avec tous les ministres de passage ici ; par conséquent un monde infini, ce qui est une comédie véritable.

On était à ce moment plein d'espoir dans le petit cercle

1. L'une des deux cousines « aimables, mais pas jolies » de la duchesse d'Aoste, Marie-Christine-Emilie-Thérèse, allait devenir sa belle-sœur quelques années plus tard, en 1806, par son mariage avec le duc de Genevois. C'était celle de ses filles que Marie-Caroline appelait Mimi. L'autre, Toto, de son vrai nom Marie-Antoinette-Thérèse, épousa en octobre 1802 le prince des Asturies, et mourut en 1806.

2. Marie-Amélie, la future reine des Français.

3. Léopold, prince de Salerne.

4. Parmi lesquels Nelson, qui avait mouillé en rade avec un vaisseau de ligne et deux frégates.

du duc d'Aoste ; on y voyait tout presque en rose. Des lettres venues du Piémont avaient apporté des nouvelles d'un invraisemblable optimisme. Il faut croire que malgré leur invraisemblance on s'était laissé aller à admettre la possibilité de leur réalisation, puisque la duchesse d'Aoste avait cru pouvoir les signaler en ces termes à son beau-frère : « Buonaparte, en attendant, laisse toute chose en Piémont sur l'ancien pied ... Il veut l'exercice du culte catholique intact partout et assure qu'il veut rendre la paix à l'Europe et au *Piémont son légitime souverain...* » Et ce qui prouve bien qu'on avait ajouté foi à ces étranges nouvelles, c'est que la duchesse terminait sa lettre par cette phrase bien étonnante sous la plume d'une archiduchesse : « Quant à moi, j'espère plus de Buonaparte que de l'empereur, car il a besoin d'une barrière contre ce dernier en Italie. »

Plein de fougue, d'ardeur, et d'enthousiasme, impatient de voir cesser un état de choses, et surtout un exil dont nul ne souffrait plus que lui, jugeant inutile de se renseigner plus complètement, tant il était persuadé que Bonaparte était réellement décidé à restituer le Piémont à son légitime souverain, le duc d'Aoste s'était dans l'intervalle laissé entraîner à tenir un langage aussi compromettant que maladroit, à commettre une grave et presqu'irréparable imprudence dont, comme nous le verrons un peu plus loin, l'animosité plus ou moins latente, plus ou moins active, en raison des circonstances et du temps, mais toujours aux aguets, de sa belle-sœur, la reine Marie-Clotilde, ne manqua pas de tirer parti.

Lorsque le duc se vit en face de la triste et dure réalité, il était, malheureusement pour lui, trop tard pour arrêter en route les lettres qu'il avait cru de son devoir d'adresser à son oncle, le duc de Chablais, et à Chalambert. Ses espérances s'étaient évanouies et il ne lui restait plus qu'une profonde douleur, qu'une déception d'autant plus amère qu'il sentait bien qu'on allait lui jeter à la face son excès de confiance et de crédulité. Il suffît pour s'en convaincre de prendre connaissance de ce passage de la lettre que la duchesse, fidèle porte-parole de son mari, écrivait le 27 juillet à Genevois :

Le Premier Consul, après avoir promis monts et merveilles au cardinal Martiniana, établit un gouvernement provisoire à Turin, composé de tous les plus enragés, à la tête duquel il nomma Brune, le général français, et commença par démolir Bard, la Castille (*sic*) d'Ivrée et Serravalle avec le fort de Cève. C'est par Revel, arrivé ce matin avec son frère, que je sais ces détails.

Furieux de l'erreur qu'il avait commise et qui allait lui valoir une cruelle humiliation, d'autant plus froissé et blessé dans son amour-propre que, connaissant le caractère de la reine, sa belle-sœur, il ne pouvait douter de l'acharnement avec lequel elle prendrait un malin plaisir à critiquer sa conduite et à ridiculiser son manque de perspicacité, le duc d'Aoste rendit le Premier Consul responsable de fautes qu'un peu de patience, de calme et de réflexion lui aurait épargnées. Ce fut en réalité à partir de ce moment qu'il voua une haine à mort à celui dont quelques jours auparavant il était bien près de devenir l'admirateur. Sortant d'un rêve pour retomber dans un autre, il n'eut plus qu'une idée en tête : *reconquérir le Piémont*.

A côté des graves nouvelles politiques que la duchesse communiquait à son beau-frère dans cette lettre du 12 juillet, elle lui parlait aussi de Marie-Caroline. Cette fois, ce n'est plus comme dans la lettre que la reine écrivait à Gallo, la duchesse d'Aoste qui tremble et qui a peur, mais s'il faut en croire sa nièce, c'est au contraire Marie-Caroline, qui, malgré toute son énergie, malgré son indomptable force de volonté n'a pas échappé à la contagion et n'a pu résister à l'espèce de panique qui s'empara à ce moment de tout Livourne.

A l'occasion de l'entrée des Français à Lucques, le peuple

montra sa bonne volonté même par un tumulte pour avoir des armes, ce qui effraya tant la cour de Naples qu'on fit embarquer la reine avec une précipitation terrible, et cela sans la moindre nécessité, car le soir tout était tranquille et quoique plus de trente maisons de juifs eussent été pillées, on ne parla plus de rien, et le peuple, qui avait forcé le fort, vendit les fusils pour trois pauls chacun. La bonne reine, puis ses filles en furent quittes pour passer deux jours et deux nuits à la rade, par une chaleur à mourir, sur le vaisseau de Nelson. Puis enfin elles se déterminèrent à descendre et la reine, ayant appris par un courrier que le chemin d'Ancône était encore sûr et qu'elle y trouverait la frégate impériale, qui y mena le pape, elle résolut de partir, ce qu'elle fit hier à 11 heures [1].

Avant de revenir à un plus grave sujet, à la mésintelligence que la reine Marie-Clotilde ne regrettait certainement pas de voir régner et même d'entretenir entre son mari et son beau-frère, et pour en finir avec tout ce qui a trait au séjour de Marie-Caroline à Livourne, j'ai cru bien faire en empruntant à la lettre du 17 juillet, quelques phrases qui prouveront une fois de plus que la duchesse d'Aoste avait décidément plus d'esprit que ne daignait lui en accorder sa par trop sévère tante.

En partant, elle (la reine) nous promit de bien parler pour nous à l'Empereur se proposant de lui dire bien des vérités. Elle est tout aussi prévenue que nous contre Thugut et dit le connaître pour un gueux depuis longtemps. Aussi m'a-t-elle assuré qu'il faisait bien le rampant devant elle et ne pouvait souffrir sa présence. Il sera bien attrapé de la voir arriver malgré toutes les entraves qu'il mit à son voyage.

---

1. Cf. *Marie-Caroline. Correspondance inédite avec le Marquis de Gallo.* II, 167-168. N° 351. Livourne, 11 juillet 1800.

(*Texte à peine lisible de la partie de la lettre écrite en italien*) « Ballotée, entraînée par les évènements, obligée par un mouvement populaire de m'embarquer à Livourne le..... Ma mauvaise santé et mes souffrances m'ont obligée de redescendre à terre.......... Je vais à Ancône. Je tremble de rencontrer les Français et de tomber entre leurs mains........ »

Comme l'écrivait la duchesse d'Aoste, Marie-Caroline se rendit en effet par Florence et Foligno à Ancône, où elle s'embarqua pour Trieste le 1er août.

Pendant que la duchesse d'Aoste continuait ainsi à tenir son beau-frère au courant et de ce qui se passait à Livourne et des espérances, aussi vite évanouies que conçues, de son mari, une nouvelle cause d'ennuis, de difficultés et de tristesses était venue s'ajouter, un peu par la faute du duc, aux malheurs et aux soucis de la famille royale.

Des imprudences de langage, malicieusement relevées par la reine Marie-Clotilde [1], toujours prête à profiter de la moindre occasion pour laisser libre cours aux sentiments peu bienveillants qu'elle nourrissait à l'égard du duc et de la duchesse d'Aoste, donnèrent naissance à une véritable brouille entre les deux frères.

A l'instigation et à l'instar de Pie VII, Charles-Emmanuel IV, désireux à ce moment d'arriver à un accord avec le Premier Consul, avait, on le sait, envoyé à cet effet Saint-Marsan à Paris. Mal renseigné sur la nature de cette mission et ne connaissant qu'imparfaitement et fort incomplètement les instructions dont le roi avait nanti son ministre, le duc d'Aoste avait manifesté sa manière de voir en termes qui auraient pu et dû être plus mesurés et plus respectueux.

Les lettres du duc d'Aoste avaient été naturellement mises sous les yeux de la reine qui, saisissant la balle au bond et trop heureuse de pouvoir jeter de l'huile sur le feu, s'empressa de relever avec une extrême sévérité dans la dépêche

---

1. Marie-Clotilde de France, sœur de Louis XVI, celle que les Piémontais, ou plutôt les Turinois, appelaient la *gros Madame* à cause de son énorme embonpoint, dit Czartoryski dans ses *Mémoires*, mais qui était à cette époque d'une extrême maigreur.

Les Français n'avaient pas manqué de faire à propos de l'embonpoint de Marie-Clotilde un quatrain, dans lequel ils faisaient allusion au mariage tout récent des deux princesses de Savoie qui venaient d'épouser le comte de Provence et le comte d'Artois.

> Le bon Savoyard qui réclame
> Le prix de son double présent,
> En échange reçoit Madame ;
> C'est le payer grassement.

Lors de l'entrée à Turin de Marie-Clotilde, le peuple en l'apercevant ne put s'empêcher de s'écrier : « Oh ! qu'elle est grosse ! » Comme la princesse en pleurait presque, la reine Marie-Antoinette d'Espagne lui dit : « N'y fais pas attention. Quand je suis arrivée, on m'a reçue en disant : Dieu ! qu'elle est laide ! et maintenant tout le monde m'aime et me respecte. »

qu'elle adressait le 29 juillet à Saint-Marsan le langage assurément étrange de son beau-frère, les appréciations imprudentes et peu correctes qu'il avait cru pouvoir se permettre.

D'Aoste, après avoir écrit il y a quinze jours une lettre au duc de Chablais [1] et une semblable au comte de Chalambert, fort impertinente par rapport au Roy supposant que Sa Majesté aurait rejeté net les propositions de Buonaparte, sans lui en rien communiquer et protestant contre cette supposée démarche (parce qu'alors Son Altesse Royale avait la bonté de croire que Buonaparte voulait réellement rendre au Roy ses Etats), à présent qu'il voit que Bonaparte commence lui-même par manquer à sa parole et se contredire... A présent, dis-je, Son Altesse Royale n'est plus pour Buonaparte et veut (à la vérité d'une manière un peu gigantesque et à sa façon) refaire une coalition et reprendre de vive force le Piémont sur les Français. Le projet est certainement très bon.... Mais dans la lettre qu'il a écrite à Sa Majesté ainsi que dans celle au duc de Chablais, il dit que *tandis qu'on traite avec Buonaparte, on peut en même temps demander le secours des puissances, lever des troupes au nom du Roy*, etc. — Or cette expression alarma la délicatesse du Roy...

La Reine ajoutait encore, et l'observation n'était que juste : « Or, ce qui inquiète le Roy actuellement, c'est que d'Aoste ait tenu un langage semblable aux dites lettres à M. Jakson [2] et à l'amiral Keit (Keith) et que d'après cela ces deux Messieurs croyent qu'il traite avec Buonaparte, ce qui est absolument faux.... »

Malheureusement Marie-Clotilde ne s'en était pas tenue là. Son antipathie lui avait dicté et inspiré une phrase qui n'était pas faite assurément pour faciliter le rétablissement de l'harmonie et même d'un accord apparent entre le couple

1. Benoit-Maurice, duc de Chablais, 2e fils de Charles-Emmanuel III, oncle de Charles-Emmanuel IV et du duc d'Aoste, marié en 1775 à Marianne de Savoie. Le duc de Chablais était arrivé de son côté à Rome le 4 juillet 1800.

2. Jakson était à ce moment accrédité par la Grande-Bretagne auprès de la cour de Sardaigne.

royal et le duc et la duchesse d'Aoste : « Le Roy désirerait encore que vous trouviez moyen adroitement de faire entendre à ces deux Messieurs de ne pas aller après à tout ce que d'Aoste et sa femme leur diront et de ne pas s'y rapporter et agir en conséquence, parce que souvent ils ont une façon de penser bien différente de celle de Sa Majesté [1]. »

Il eut été, force est bien de le reconnaître, difficile de formuler un désaveu en termes plus durs et plus sévères, et l'on peut aisément comprendre pourquoi le duc d'Aoste n'oublia jamais complètement le blâme brutal que sa belle-sœur, profitant de la faiblesse, de l'insouciance et de l'apathie de son mari, s'était complu à lui infliger.

Grâce à la présence de la flotte anglaise en rade de Livourne, à la confiance que leur inspire l'amiral Keith, les trois derniers mois du duc et de la duchesse d'Aoste s'y passèrent dans une tranquillité relative :

Je vous écris, disait la duchesse à son beau-frère Genevois le 9 août, en un jour bien triste pour nous, celui de la mort de mon fils ; mais je vous assure que, depuis que nous sommes si infortunés, je regarde comme une grâce de Dieu pour lui sa perte, car il aurait été bien malheureux aussi dans ce monde... Nous sommes toujours à Livourne où au moins on est tranquille et caché ; mais le spectacle de tant de Piémontais qui arrivent ici morts de faim est déchirant...

Mais les évènements marchaient bien autrement vite que ne le supposaient ceux qui croyaient avoir trouvé une retraite calme et tranquille dans ce petit coin de la Toscane. Deux mois plus tard, ils étaient de nouveau à la veille de reprendre leur vie errante, leur odyssée plus triste que jamais.

Le 15 octobre 1800, il avait fallu se résigner à quitter Livourne, et, cinq jours plus tard, la duchesse reprenait

1. Nicomede BIANCHI, *Storia della Monarchia Piemontese.* Tome III, pages 673-674. Cité par Perrero, *Op. cit.*, pages 104-106.

la plume pour mettre de Portoferrajo son beau-frère au courant de leurs misères et de leur lamentable situation :

Hélas, mon frère, quel changement ! Les Français venant d'occuper toute la Toscane sans que le général Sommariva eût aucun avis, il lui fallut céder à la force et se retirer avec sa troupe par Sienne, Arezzo et Cortona, n'ayant que 1.200 hommes en tout. Ce fut le 13 au soir que l'ennemi entra et il arriva le 15 à Florence et le 16 à Livourne, d'où nous étions partis le 15, à 10 heures du matin, pour Portoferrajo sur notre frégate anglaise, qui, escortant un convoi de la Factorie, nous tint deux jours dans la rade et 32 heures à la voile. Cependant je ne souffris rien, grâce à Dieu ; mais arrivés ici où nous sommes bien mal dans une bien vilaine ville et plus vilaine maison chez notre Consul, qui a l'air d'un bon paysan, n'attendant que les déterminations du Roi pour le rejoindre, la frégate nous planta et n'y ayant pas d'autres vaisseaux, nous sommes à la garde de Dieu jusqu'à ce qu'elle vienne, ce qu'elle fait espérer sous peu de jours.

Mais la frégate ne vint pas et comme, de l'aveu même de la duchesse, « pour Cagliari il n'y a rien à faire, d'Aoste ne voulant point y aller, hormis que le roi y aille », le couple ducal, après être resté une longue quinzaine à Portoferrajo, s'embarqua au commencement de décembre et fit voile pour Naples où ils arrivèrent après cinq jours d'une dure et pénible navigation.

A peine débarquée, la duchesse reprenait la plume, moins pour raconter à son beau-frère les péripéties et les dangers de la traversée que pour lui faire, heureusement pour nous, une description, aussi curieuse que spirituelle, de l'état dans lequel elle y avait trouvé la famille royale et la cour de Savoie :

LL. MM. sont ici depuis le 25 novembre, et les Chablais, nous les avons trouvés ici. Le roi a bien mauvais visage et je le trouve aussi à la duchesse (de Chablais). Mais la reine est grasse, comme je ne l'ai jamais vue, et Chablais se porte bien. Ma tante [1] a bien maigri, mais du reste, elle est de même, et sa patience et sa vertu sont exercées au dernier excès par tous les individus de la maison, entre lesquels les querelles et disputations (*sic*) sont sans nombre et sans fin.

Quelques jours plus tard, le 20 décembre 1800, la duchesse d'Aoste mettait au monde une petite fille qui ne vécut que peu de jours [2]

La petite, après avoir lutté 14 jours contre le mal, lit-on dans une lettre que, le lendemain de la mort de l'enfant, le duc adressait à son autre frère le comte de Maurienne, a enfin succombé.

1. La princesse Félicité de Savoie, sœur de Victor-Amédée III, tante de Charles-Emmanuel IV et du duc d'Aoste, née le 20 mars 1730 du second mariage de Charles-Emmanuel III avec Polixénie-Christine de Hesse-Rheinfels, morte à Rome le 13 mai 1801. Elle y fut ensevelie au couvent des SS. Apostoli. Elle avait fondé sur la colline de Turin une maison de retraite et l'hospice pour les veuves nobles ou de condition civile.

Comme le prouvent les passages extraits d'une de ses lettres, la princesse Félicité jugeait, au moins aussi sévèrement que la duchesse d'Aoste, ce qu'elle avait vu se passer sous ses yeux pendant les derniers mois du séjour à Rome de Charles-Emmanuel. « Ici à la Cour, écrivait-elle à ce propos au duc d'Aoste, il y a bien des jalousies et des méchancetés et on est fort surpris que LL. MM. soient si bonnes à soutenir qui ne le mérite pas et cela par la peur qu'ils en ont, car à vous dire confidemment (*sic*), pas même le roi est ménagé dans les propos de ce personnage. A la vérité, il est quelquefois si ivre qu il ne se connaît plus et les bons sont dans la frayeur de le voir toujours soutenu envers les autres et en tête à tête avec eux. A présent Saint Marsan est aussi très souvent avec LL. MM., ce qui empêche le M... d'y être tant. »

Le personnage dont parle ici la princesse Félicité, était le médecin Penthené. L'influence qu'il exerçait sur Charles-Emmanuel IV n'était pas près de décroître, puisque le 29 juillet 1801 le duc d'Aoste disait à son frère Genevois : « Le roi est maintenant mené par le médecin Penthené (qui correspond avec le médecin Giulio à Turin et par conséquent avec les Français par le canal des Jacobins), de telle façon que ce n'est plus que lui qui ait droit de conseiller le roi et il fait le possible pour que je ne sache rien. Il veut que je ne puisse influer en rien sur les déterminations du roi qui ne dit jamais le mot de ce qui se passe, non plus que la reine, et je doute qu'il a défendu à Chalambert de m'en parler. Et c'est d'autant plus désagréable pour moi, qu'il fait le possible pour paraître avoir des bontés pour moi, ce qui fait que plusieurs croiront que les démarches que le médecin lui fait faire seront de mon consentement. »

De son côté la duchesse d'Aoste ajoutait dans une autre lettre, également adressée à Charles-Félix, et sur laquelle il y aura lieu de revenir plus en détail plus loin, : « Monsieur le docteur est, avec le roi, détesté par tout le monde... » Et un peu plus tard, dans sa lettre des 11 et 13 décembre, elle ne craignait pas de lui dire : « La reine fuit le ministre, Madame de Carail aide beaucoup le médecin dans ses tripotages... »

2. Cette petite princesse ne figure sur aucun des arbres généalogiques de la maison de Savoie, même pas sur celui, si complet cependant, que le comte Cibrario a établi avec tant de soin (*Note de D. Perrero*).

Voilà que de quatre enfants je suis toujours réduit à ma fille [1], qui à la vérité, grâce à Dieu, m'est d'une très grande consolation de même qu'à sa mère.

A la fin de l'année 1800, tous les membres de la famille royale de Savoie se trouvaient réunis à Naples, à l'exception du duc de Genevois et du comte de Maurienne restés en Sardaigne. Mais leur misère, leur détresse y est déjà si grande que dès le 16 février 1801 le duc d'Aoste priait son frère, le duc de Genevois « de voir avec quelques-uns des banquiers sardes de me procurer un emprunt pour 60 à 100.000 livres pour mon compte ; car le roi m'a laissé entendre qu'il ne peut plus me soutenir, et moi je ne puis plus aller en avant ». Et comme la réponse avait été peu favorable, il reprenait la plume dans le courant du mois de mars pour dire à son frère : « Je m'en vais prendre service en Russie [2] où je pourrai vivre et vivre honorablement et

1. Il s'agit là de la princesse Marie-Béatrix, née le 4 décembre 1792, qui épousa, le 20 juin 1812, son oncle l'archiduc François d'Autriche-Este, celui qui après la chute de Napoléon allait régner sur le duché de Modène sous le nom de François IV.

En 1804, Louis XVIII avait demandé au duc d'Aoste, devenu le roi Victor-Emmanuel Ier, la main de la princesse pour le duc de Berry. « D'ailleurs, je me doute, écrivait à ce propos le roi de Sardaigne à son frère Genevois, qu'ils (les Bourbons de France) veuillent ainsi se procurer le moyen de venir prier tous chez moi pour vivre puisqu'ils *prévoyent bien que je puis avoir plus facilement un établissement dans ce moment où la Russie s'est positivement unie à l'Angleterre en ma faveur et toutes deux d'accord devront avoir mis pour base d'une ligue avec l'Autriche tout ce qu'il faut pour empêcher que celle-ci ne nous supprime plus et ne s'oppose plus au sort qu'ils veulent nous faire.* »

2. Le duc d'Aoste avait toujours, ou tout au moins depuis un certain temps déjà, caressé cette idée à laquelle il s'était rattaché de nouveau à la suite d'un témoignage d'estime et de bienveillance dont il venait d'être l'objet de la part de Paul Ier. « L'Empereur de Russie, dit-il le 4 janvier 1801 à son frère Genevois, m'a écrit une lettre très obligeante que je reçus à Gênes par laquelle il me prie (pour me donner une preuve de l'intérêt qu'il prend à ce qui me regarde) de vouloir bien agréer son Grand Ordre de St-André. » Mais le pieux et dévôt duc d'Aoste a eu un scrupule et il ajoute : « Pour cela j'ai fait consulter le pape pour savoir si c'était un Ordre que je puisse accepter et le Saint-Père m'a fait dire que l'Ordre de St-André est une pure croix d'honneur qui ne lie à rien et que tous les catholiques peuvent recevoir. Ainsi le cardinal Ruffo la porte. Par conséquent le roi m'ayant autorisé, conformément à ce qui est dit dans nos statuts, de la porter avec l'ordre de l'Annonciade, je crois que je la recevrai bientôt. » Du reste ce qui a le plus de prix aux yeux du duc d'Aoste, c'est pour lui la possibilité d'obtenir un commandement dans l'armée russe: « Je crois aussi que si les Russes viendront en Italie pour passer au Piémont, je pourrai peut-être avoir le commandement d'un de ces corps. »

tâcher de nous conserver nos Etats. Car ici je suis positivement à demander continuellement l'aumône et on trouve
encore que je suis indiscret. Cependant j'ai une famille qui
ne peut vivre d'air.... La mienne est la seule Cour qui n'est
pas payée depuis huit mois, les autres ayant toujours été
payées [1]. »

La duchesse, de son coté, ne rougissait pas, elle non plus,
de faire à son beau-frère l'aveu et la description de leur misère : « Nous sommes au point d'être dans la nécessité de
chercher de l'argent sans en pouvoir trouver encore, et l'idée
de mourir de faim avec trente-cinq personnes de notre maison
(personne ne nous ayant jamais quittés) est d'une terrible
digestion. » Et elle terminait sa lettre en lui disant : « Pour
nous, je n'espère qu'en Dieu, et en attendant je vois qu'ici on
ne fait jamais que des sottises, le roi disant que même le
pape (seul refuge de Chalambert pour lui faire entendre raison), en fait de politique, n'en sait pas plus que lui. Du
reste, il a laissé à Rome une bonne dose de scrupules et parle
à présent de tout, hormis de Bonaparte, dont le nom seul
le fait trouver mal et lui a déjà donné deux fois des maux
de nerfs [2]. »

S'il n'est assurément pas flatté, le portrait que la
duchesse d'Aoste trace en ces quelques lignes de son royal
beau-frère a au moins le mérite d'être ressemblant. La
duchesse avait du reste la plume facile, le cœur chaud, une
nature honnête, mais toute d'impulsion, un caractère droit,
mais ardent, si bien qu'elle était presque instinctivement et
inconsciemment amenée à donner libre cours à ses épanchements, aux jugements souvent sévères et fréquemment fort

---

1. Allusion aux cours du Roi et du duc de Chablais.

2. Charles-Emmanuel était fréquemment exposé à de pareils accès, puisque
Marie-Clotilde, parlant à Saint-Marsan d'une décision qu'il s'agissait de faire
prendre au roi, lui disait le 29 octobre 1800 à huit heures du matin : « En un
mot il est en fureur, prions Dieu qu'il ait pitié de nous. » Et à 11 heures, elle
ajoutait : « Après 3 ou 4 heures de convulsions tout a changé en un moment et
il consent à l'exécution de tout le plan. » Cf. Nicomede BIANCHI, *Storia della
Monarchia Piemontese*, T. III.

justes que l'indignation lui arrachait et qu'elle formulait en termes frappants et pleins d'une sanglante ironie [1]. On pourra en juger par les passages de cette lettre que Marie-Caroline, déjà peu disposée à l'indulgence pour sa nièce, ne lui aurait certainement jamais pardonnée si elle lui était tombée sous les yeux. Voici en effet ce qu'elle écrivait au duc de Genevois le 25 février 1801, quelques jours après la signature de l'armistice de Foligno :

En attendant, nous espérons la paix, et les Anglais sont forcés de quitter tous les ports napolitains de sorte qu'il ne reste plus d'autres mémoires *positives* de leurs exploits qu'un déjeuner que la reine fait faire pour Nelson à la fabrique de la porcelaine et où ses victoires sont peintes. Car pour des *négatives*, il y en a dans presque toutes les familles de nobles où il manque plusieurs sujets pour avoir été pendus ou décapités à cause de ces Messieurs. Si c'est à raison ou à tort, je ne le jugerai point, car je conçois moins chaque jour ce qui fait le tort ou la raison maintenant.

Vers le milieu du mois de mars 1801, Charles Emmanuel s'était tout à coup, et sans qu'il soit possible même aujour-

1. Il m'a semblé intéressant de rappeler à ce propos à mes lecteurs le jugement que portait trente ans plus tard sur Marie-Thérèse dans une dépêche qu'il adressait le 19 octobre 1831 à Sébastiani (Affaires étrangères, Turin, Vol. 297. N° 120, f° 2913) M. de Barante, notre ambassadeur près la Cour de Sardaigne : « Elle est fantasque, imprévue, livrée à ses impressions, obstinée dans ses idées. Son beau-frère Charles-Félix prétendait dans sa dernière maladie que c'était elle qui le faisait mourir de chagrin. »

Le marquis Costa de Beauregard trace d'elle au chapitre II, pages 23-25, de son beau livre *La Jeunesse du Roi Charles-Albert*, un portrait que je ne peux résister au désir de citer : « Marie-Thérèse d'Autriche était belle, mais d'une beauté singulièrement sévère. On sentait chez elle toute volonté implacable, toute haine éternelle, toute ambition inextinguible. De sa mère, Béatrice d'Este, elle tenait la souplesse et l'intrigue, de son père, l'archiduc Ferdinand d'Autriche, le froid et inflexible orgueil des Habsbourg. »

Enfin, le jour même de sa mort, Decazes, notre consul à Gênes, s'exprimait en ces termes dans sa dépêche à Sébastiani, de Gênes le 29 mars 1832 (Affaires étrangères, Turin, Vol. 299, N° 67, f° 487) : « La Reine Marie-Thérèse, veuve du roi Victor-Emmanuel Ier et sœur du duc de Modène, est morte ce matin à 4 heures. Elle n'avait pas eu le bonheur d'inspirer un grand attachement aux Génois. La noblesse, qui était seule admise à sa Cour, se plaignait de sa roideur. Elle était d'un caractère haut, capricieux, peu obligeant et la rigueur de l'étiquette, qu'elle faisait observer dans son palais, tenait plus encore à cette désobligeance, qui était un besoin chez elle, qu'aux habitudes de la royauté. Je dois dire du reste qu'elle faisait d'abondantes aumônes et que les pauvres perdent en elle une bienfaitrice. »

d'hui de découvrir le véritable motif d'une résolution aussi soudaine, décidé à partir de Naples pour retourner à Rome avec toute sa Cour. En route, il avait appris à Velletri qu'il venait de croiser, sans le voir, Italinski qui revenait de Florence et rejoignait son poste. Désolé de ce contre-temps et déjà fort inquiet, le roi expédia immédiatement un courrier qui ne rattrapa le diplomate russe qu'à Naples. Il en rapporta une lettre qui ne rassura qu'à moitié le pauvre et triste souverain. Italinski se contentait de lui faire savoir que : « Les différentes conversations avec Murat ne lui ont pas fait juger que le dit séjour pût être sujet à quelques inconvénients ; qu'il ne voyait pas non plus que l'entrée des troupes françaises dans une partie des Etats de Sa Majesté Sicilienne pût contrarier l'opinion qu'il s'était formée des intentions de ce général ; que cependant il ne pouvait rien garantir sur les événements quelconques qui peuvent arriver et qu'il se renfermait dans l'aperçu des choses que les circonstances ont pu lui permettre. »

Plus indécis, plus troublé, plus pauvre et plus tremblant que jamais, Charles-Emmanuel IV avait entre temps demandé l'hospitalité au prince Colonna qui, non content de mettre à sa disposition sa villa d'Albano, lui avait de plus ouvert sa bourse. La détresse du roi était si grande que lorsque deux mois plus tard, absolument décontenancé par « les informations que le général russe, qui commande les troupes à Naples, était venu lui apporter sur une horrible conjuration que les Français tramaient pour l'enlever [1] », il résolut vers la fin de mai de quitter Rome où il ne se croyait plus en sûreté pour retourner à Naples, la cassette royale était presque absolument vide.

Je vous prie vivement, recommandait le 26 mai 1801 Chalambert au comte de Front à Londres, de vouloir bien renouveler les offices les plus pressants auprès du ministère, afin que le montant de ces subsides nous soit compté le plus promptement possible

---

1. Lettre de Vallaise à Chalambert, de Saint-Pétersbourg 10 juillet 1801.

ainsi que les suivants, puisque je vous assure, Monsieur, que nous nous trouvons dans une disette extrême, ayant été obligés avant de partir de Rome d'emprunter au prince Colonna la somme de 1.500 ducats pour faire face aux frais du voyage. Vous pouvez juger par là de la situation malheureuse dans laquelle se trouve la Cour ainsi que toute la famille royale.

On n'avait assurément pas été autrement enchanté à Naples de ce retour inattendu de Charles-Emmanuel. On avait vu revenir, non sans une certaine appréhension, cet hôte d'autant moins désirable que sa présence dans les Etats Napolitains pouvait paraître suspecte au Premier Consul, provoquer l'envoi de notes désagréables et augmenter encore la tension et la difficulté des rapports avec la France. Malgré cela, on avait fait bonne mine à mauvais jeu. La réception qu'on avait faite au roi avait été strictement correcte, et la Cour de Naples ne méritait en aucune façon les critiques et les reproches de Chalambert : « Il est à observer, écrit-il à Saint-Marsan, que le gouvernement napolitain et, à son exemple, les particuliers ont excité de telles difficultés au logement de Sa Majesté et de sa suite qu'Elle a été obligée de rester quinze jours à Caserte et que, finalement, Elle a dû se contenter de retourner à une auberge. » L'auberge en question n'était rien autre que le palais Francavilla [1], qui servit désormais de résidence au triste Charles-Emmanuel et qu'on aménagea pendant la quinzaine qu'il passa au palais royal de Caserte.

L'état physique et moral de Charles-Emmanuel servait à merveille les projets de la coterie, de la *Camarilla* qui, grâce à un travail merveilleux d'habileté et de patience, avait peu à peu réussi à circonvenir celui qui n'était plus depuis quelque temps déjà qu'un fantôme de roi. Profitant de ses alternatives d'abattement et de violences, de faiblesse et de despotisme, de colère et de convulsions, on avait peu à peu réussi à annihiler le peu de force de volonté, le peu de

---

1. Cf. COMANDINI, I, 14, *L'Italia nei Cento Anni del Secolo XIX*.

personnalité et d'initiative qui lui restait. Grâce à l'action du mystérieux et étrange convent, dont faisaient partie, sous la haute direction de Marie-Clotilde, le médecin Penthené, plus que suspect de jacobinisme, le confesseur du roi, Don Tempia, un napolitain, le père Magliano, un sarde, ancien jésuite, le père Sénez, flanqués de quelques obscurs courtisans, on était parvenu non seulement à éloigner le roi du reste de sa famille, mais à l'isoler et à le circonvenir et à préparer une rupture que le moindre incident pouvait provoquer et rendre irréparable.

Quelque prudentes et habiles qu'aient été ces manœuvres, elles n'avaient pas plus échappé au duc d'Aoste qu'au duc de Genevois, tout aussi impuissants l'un que l'autre à contrebalancer l'action de ce dangereux cénacle.

Je suis, écrivait le duc d'Aoste à son frère le 11 septembre 1801, plus à l'obscur de ce que le roi fait que si j'étais à la Chine. J'avoue que cela m'est bien douloureux, car on n'a jamais fait étudier personne dans une éducation aussi longtemps que moi et je n'ai pas même la consolation de pouvoir contribuer à me servir de ce que j'ai appris pour me sauver moi-même et ma famille et ma malheureuse patrie, et cela pour nous livrer tous au bon plaisir du médecin....

Presqu'au même moment la duchesse constatait que les favoris, les conseillers écoutés de Charles-Emmanuel, les tristes fantoches que la reine faisait marcher, non contents de se servir, pour arriver à leurs fins, de l'aveugle dévotion, de la bigotterie du roi, avaient ajouté une autre corde à leur arc. On avait, le prince Adam Czartoryski le constate lui-même dans ses dépêches, donné au pauvre malade le goût « des propos plaisants ». La duchesse d'Aoste n'exagérait donc pas lorsqu'elle disait au duc de Genevois :

Le roi a quitté à Rome tous ses scrupules sans même s'en faire, par exemple, de venir ici sans avoir entendu la messe, de conter des histoires très gaies et souvent équivoques, et la Reine avec son grand bonnet y faisant écho, ce qui contraste à l'excès.

Du reste, ce ne sont pas les affaires qui ont pris la place des pratiques de piété quelquefois omises, et je crois que ce n'est rien ou une audience de plus avec le médecin...

Le duc de Genevois était encore bien plus catégorique que son frère et que sa belle-sœur :

Vous savez, écrivait-il le 10 octobre 1801 au duc, qu'il y a longtemps que vous m'avez écrit que vous étiez mécontent de la Cour. Quoique j'eusse aussi des raisons bien fortes de m'en plaindre, je n'ai jamais voulu rien dire pour ne pas joindre feu à feu. A présent je me trouve dans la nécessité de vous avertir, comme héritier, qu'on ruine ce pauvre pays [la Sardaigne, dont il était le Vice-Roi]. Tout se fait par protection ; je ne suis plus consulté pour rien. Je fais la figure d'un personnage entièrement de bois. Les ordres du roi viennent à tout le monde sans que j'en sache rien. Je ne suis pas assez près de la Cour pour savoir d'où partent toutes ces intrigues ; mais tous ceux qui entourent le roi, je les crois assez de *bala* [1]. Les uns sont plus effrontés, les autres font mieux la sainte nitouche, mais je les crois assez tous de la même trempe. J'ai répondu du pays et j'en répondrai toujours, pourvu que je sois vice-roi ; mais quand on n'a plus que le plastron des intrigues d'autrui, on ne peut rien répondre.... Je vous prie de ne pas parler de cela ; mais c'est mon devoir de vous le dire, prenez vos mesures là dessus, qui doit vous intéresser plus que moi, qui ne veux rien, ne souhaite rien....

Plus en confiance encore avec son autre frère, le comte de Maurienne, Charles-Félix allait encore bien plus loin dans ses appréciations sur son royal frère, sa belle-sœur la reine Marie-Clotilde, Chalambert et Penthené.

Chalambert, qui est double comme un oignon et poltron comme un cerf, se laisse faire peur par tout le monde. Le médecin [Penthené] est un *birbant* aussi bien que le comte R... [2] ; le roi est ce que tu sais ; la reine est sotte comme un pot, sans connaissance,

1. Expression piémontaise qui signifie : d'accord.
2. Probablement Roburent.

sans expérience. Un honnête homme, que peut-il faire au milieu de tout cela ? A présent, j'attends mon sort avec tranquillité ; il sera ce qui plaira à Dieu [1].

Plus le temps marchait et plus la main mise par la *Camarilla* s'accentuait.

La Reine, écrivait deux mois plus tard, le 11 décembre 1801, la duchesse d'Aoste à son beau-frère, est celle qui fait tout, le roi s'étant mis dans l'esprit qu'il ne doit prendre conseil qu'en lui-même (propres paroles de sa femme, écrites à mon mari de Caserte), pendant que c'est elle qui écrit tout pour qu'il ne fatigue pas ses yeux [2]... A d'Aoste, il ne parle jamais de rien et du reste il passe sa vie à l'église, ou avec le médecin, ou avec un Franciscain [3], grand ouvrier, directeur de toutes les saintes du voisinage, qui est un bon homme, qui n'a ni esprit, ni éducation, mais se fourre partout et se mêle de ce qui ne le regarde point, faisant, sans le savoir sans doute, le meilleur instrument des méchants. On dit que même pour la confession l'abbé Tempia a cédé au nouveau directeur, et tout ce qui veut quelque grâce court à l'un ou à l'autre.... Celui qui peut et fait le moins est Chalambert, qui gémit dans son coin et n'a d'autre tort que celui de vouloir excuser le mal qu'il condamne et qu'il fait le possible d'empêcher, quand il doit absolument le faire...

Les mailles du réseau invisible tendu autour de Charles-Emmanuel étaient si serrées et si bien disposées que même la mort presque subite de celle qui était et la tête et l'âme de cette coalition n'avait pu avoir sa répercussion sur ce captif inconscient qui ne sortait de ses accès de fureur que pour redevenir l'exécuteur des volontés de la *Camarilla*.

Trop bien soignée par Penthené et par les médecins de la cour de Naples, Marie-Clotilde disparaissait de ce monde le 7 mars 1802, après quelques jours seulement de maladie.

1. Charles-Félix venait d'envoyer au Roi sa démission de vice-roi de Sardaigne.
2. On sait que le pauvre Charles-Emmanuel devint aveugle.
3. Le père Magliano.

La duchesse d'Aoste ne pouvait manquer de rendre immédiatement compte de ce grave événement à son confident habituel, et soit à cause de la rapidité même de cette disparition, soit à cause de l'impossibilité pour elle de se livrer au premier moment à des épanchements qui auraient paru déplacés et presqu'inconvenants, elle s'exprime dans cette première lettre avec une prudence, une réserve, quelque peu mêlée d'ironie cependant, qu'on ne s'attend guère à trouver sous sa plume.

Ne doutant point que vous ne soyez informé de l'horrible malheur qui vient de nous accabler, je ne puis rien vous dire de consolant, même pour l'adoucir ; car livrée à son médecin, cette pauvre reine fit une maladie putride de quatre jours, sans qu'on lui donnât le moindre remède ; le cinquième jour, on demanda le premier médecin du roi [de Naples] qui laissa déjà mourir ma cousine [1] sans rien faire, et celui-ci discuta tout le jour et ne fit plus que l'autre jusqu'à ce qu'hier, sixième jour de la maladie, elle tomba vers une heure en syncope, d'où elle ne sortit que par les convulsions qui l'achevèrent à 4 heures 1/2. Par pure dévotion, elle fit sa confession générale, samedi 6 au matin, et hier elle communia dans sa chambre. Elle eut aussi l'extrême onction, mais, on le croit, hors de connaissance alors.

Le roi est très frappé — ajoutait-elle, non sans quelque pointe d'ironie et presque de méchanceté — et quoiqu'affligé, très résigné et persuadé que son cher docteur a fait tout ce qui pouvait se faire, vu que lors de la syncope, on pensa aux sinapismes, et, quand elle fut aux convulsions, aux vésicatoires, exactement comme chez mon fils. Il a voulu coucher chez lui, et ce matin, il est parti pour Caserte, où nous voulions le suivre, mais il nous a priés en grâce de ne pas y aller avant qu'il ne nous demande, n'ayant avec lui que La Marmora, C. Faro (?), son confesseur et le médecin, qui va devenir roi lui-même, comme de raison, en remplacement de la reine, qu'à force de s'imposer, il avait rendue déjà (hormis pour les affaires) totalement inutile à son mari, et, je crois, c'est ce qui lui en fait sentir moins la perte en ce moment.

1. Clémentine d'Autriche, femme du prince royal des Deux-Siciles, morte poitrinaire à l'âge de 25 ans, le 16 novembre 1801. Le médecin de la cour qui la soignait était le docteur Troia.

Pour nous à présent, nous attendons les ordres, accablés par tous les bons (qui ne connaissent pas le roi) pourvu que nous nous emparions de lui, en éloignant le docteur, ce qui est moralement impossible, et il se dispose à lui faire même envisager un cas de conscience à le moins bien traiter dans ce moment.

Pour mon individu, fidèle à mes principes, je ne me mêlerai jamais de rien, et il en sera ce que Dieu voudra ou permettra, et je vous avoue que vivre avec le roi serait faire pour moi le sacrifice de bien des années de ma vie, car il y aurait de quoi me faire mourir d'étisie (*sic*) en peu de mois ; heureusement que nous ne lui serions pas plus utiles qu'agréables ; ainsi cela ne sera point.

Je vous assure que, pour moi, je regrette bien sincèrement cette pauvre reine, qui fut la victime de sa vertu, mal entendue, à la vérité, mais toujours héroïque, ne se comptant jamais pour rien ; et je n'oublierai jamais tout ce qu'elle a fait pour moi et pour nous tous, peut-être en secret, car elle a sans doute empêché bien du mal et fait du bien dans sa vie. Dieu sait ce que nous deviendrons

Un mois plus tard, la duchesse d'Aoste tenait déjà un tout autre langage. Les convenances, l'étiquette ne l'obligeaient plus à dissimuler ses sentiments, à mettre une sourdine à la sévérité ou à la sincérité de ses jugements.

La pauvre reine — écrit-elle le 9 avril 1802 à celui qui sera un peu moins de vingt ans plus tard le roi Charles-Félix — avec fort peu de connaissance et de monde, avait sans doute de bien bonnes intentions ; mais son ignorance lui faisait faire bien du mal pour elle et pour les autres et je ne crois pas que le roi fera plus de fautes que de son vivant. Le médecin est, en vérité, en grand crédit ; mais pour ce qui regarde les affaires, il ne peut se mêler qu'indirectement, en faisant en avant des gens comme l'abbé Senez (qui seul a fait tous les pâtés de Sardaigne) et en décriant des autres qui pourraient être utiles. Du reste, du temps de la Reine il avait en elle-même un terrible appui, et, pour preuve de cela, il est devenu mille fois plus poli et traitable depuis sa mort.

Chalambert n'a pas grand esprit, ni éducation, mais je puis vous répondre de son cœur et de son zèle. Il a été hors de lui des pâtés du missionnaire Senez et ne désire que de faire ce que vous voulez, persuadé que c'est le mieux.

Le roi m'a marqué beaucoup d'effroi de vous voir demander votre démission et avec cet épouvantail vous ferez toujours plus qu'avec tout le reste.

Pendant les premières semaines qui suivirent la mort de Marie-Clotilde, on aurait presque été porté à croire à un véritable rapprochement, au rétablissement de relations plus intimes, pour ne pas dire plus cordiales, entre Charles-Emmanuel et le duc d'Aoste.

Moi qui ai été plusieurs fois avec le Roi depuis son malheur — lit-on dans une de ses lettres au duc de Genevois en date des 5-10 avril 1802 — je le trouve plus raisonnable que jamais. Il me dit tout uniment le contenu des dépêches qu'il reçoit et écoute ce que je lui dis sans s'effaroucher, ce qu'il ne faisait jamais du vivant de la reine, et à moi, il me paraît redevenir plutôt comme il était avant qu'il se fût isolé de la Cour, savoir avant la mort de notre pauvre mère.

Il se peut que cela déplaise au médecin, crainte de perdre son crédit. Pour le père Marian et don Tempia, je sais que les premiers jours ils péroraient pour que le roi me témoignât plus de confiance.

.... On me dit pourtant que le roi a souvent des contractions qui mettent en combustion don Tempia, père Marian et tous ceux qui n'étaient pas accoutumés à semblables, parce que du temps de la reine cela se faisait plus secrètement.

Mais ce n'étaient là que des manifestations passagères, tout à fait accidentelles ; les vieilles habitudes, l'incompatibilité d'humeur et de caractère, la défiance, la jalousie ne devaient pas tarder à reprendre le dessus. On s'en convaincra aisément à la lecture de ce passage d'une lettre que le duc écrit à son frère Genevois, un mois plus tard, le 12 mai 1802.

Le roi dit que c'est Dieu qui l'a établi roi et il ne veut écouter personne. Mais il ne pense pas que Dieu l'a établi Roi pour sauver son pays et pas pour se laisser perdre par ses manies. Un royaume n'est pas un bijou ou une propriété qu'il puisse jeter par la fenêtre s'il le veut.

Plus que jamais le pauvre malade qu'était Charles-Emmanuel était retombé sous la coupe de la *Camarilla*, affranchie de toute entrave, de toute contrainte depuis la mort de la reine qu'elle avait dû ménager, d'abord parce que c'était à elle que la coterie devait cette influence qu'il lui fallait conserver à tout prix, mais surtout parce que chacun des ces tristes et piètres personnages savait que son existence et sa situation dépendaient de la volonté de Marie-Clotilde toute puissante sur l'esprit de son royal époux. Se défiant de lui-même, n'osant plus se rejeter du côté de ses frères, sentant le besoin d'avoir auprès de lui quelqu'un auquel il pût avoir recours, Charles-Emmanuel, comme le dit la duchesse dans une de ses lettres, « substitua à la reine don Tempia pour conseiller privé dans les grandes affaires d'Etat qui peuvent regarder la conscience. Et ce sot ignorant, mais bon et brave homme, demande par charité à tout le monde qu'on l'aide et le conseille [1]. »

Entre temps la mésintelligence devenait de jour en jour plus profonde et plus aiguë entre le roi, que le seul nom de Bonaparte faisait entrer dans des rages folles, dans des accès de fureur qui se terminaient par des sortes de convulsions de plusieurs heures, et le duc d'Aoste, qui essayait de lui démontrer les avantages que la Maison de Savoie pourrait tirer des bons offices, des dispositions favorables d'Alexandre et ne cessait d'insister sur les compensations que le tzar avait de grandes chances d'obtenir du Premier Consul.

Le roi — lit-on à ce propos dans la lettre que le duc d'Aoste écrivait le 25 mai 1802 au duc de Genevois — a reçu votre lettre ; mais il n'a donné aucun signe extérieur que cela lui eût causé de

1. Dominico Perrero signale à ce propos l'existence au *R. Archivio di Stato* de Turin d'un manuscrit de quelques pages ayant pour titre : *Maximes, textes, pensées, etc.*, contenant des épigrammes sur divers personnages. On y lit ce qui suit à l'adresse de Don Tempia : « *Je ne suis ni bien, ni mal, ignorant mon pouvoir et je vis tranquille toujours en faisant mon devoir.* »

l'émotion. Je lui en ai écrit une aussi en réponse à une qu'il m'avait écrite pour me consulter (ce qui est extraordinaire), dans laquelle il me disait que les Anglais n'avaient rien stipulé pour nous [1] ; que cependant Front [2] prétendait que nous ne devions point entendre des propositions.... Je lui répondis que moi, comme le premier de ses sujets et père de famille, je devais lui représenter qu'il fallait qu'il prît tous les moyens possibles pour recevoir ses États et pas, pour une répugnance personnelle, risquer de perdre ses sujets, la religion dans son pays et sa famille.

Ma lettre ne parut pas avoir causé aucun changement, car elle est très douce et modérée. Cependant il se peut qu'elle l'ait fait, étant arrivée avec la vôtre et avec quelque autre circonstance.

Le duc d'Aoste se berçait encore d'espérances et d'illusions. Le Roi avait voué une haine tellement acharnée au Premier Consul et à la France que la duchesse écrivait en ce moment en parlant de ces sentiments de Charles-Emmanuel : « Le pape même, depuis qu'il fit le Concordat, n'est plus guère sur sa liste, en haine des Français. »

Aigri et malade, passant sans transition de la prostration à la rage, incapable de surmonter l'aversion, de jour en jour plus violente, qu'il éprouvait pour les Français en général et pour Bonaparte en particulier, il ne pouvait plus arriver à se contenir, à garder le silence, lorsqu'on prononçait devant lui ces noms abhorrés.

Je sais bien — disait-il lui-même lorsqu'il était redevenu plus calme et plus raisonnable — que je ne devrais pas m'exprimer de cette façon. Mais quand on a tout perdu et qu'il ne vous reste que la langue, c'est bien le moins qu'on s'en serve librement.

Malheureusement il ne se bornait pas à ces intempérances de langage, et en mai 1802, le duc d'Aoste constatait dans une de ses lettres au duc de Genevois que : « Murat était parti d'ici (de Naples) très mécontent, parce qu'il a

1. Le traité d'Amiens (25 mars 1802).
2. Le comte de San Martino di Front, ministre de Sardaigne à Londres.

appris que le roi a défendu à ses sujets de lui faire des politesses ».

Cette attitude du roi était d'autant plus imprudente et maladroite, d'autant plus dangereuse même, qu'il risquait fort non seulement de froisser et d'irriter, mais même de détourner de lui et de son pays Alexandre Ier, qui lui avait généreusement offert de lui servir de médiateur et d'intervenir en sa faveur auprès du Premier Consul. De toute façon, Charles-Emmanuel, dans ses moments de calme, alors qu'il lui était possible de réfléchir et d'examiner tranquillement sa situation et celle de son royaume, n'avait pu manquer de reconnaître qu'il s'était si gravement compromis que sa seule personnalité suffisait pour condamner à un échec presque certain toute tentative de rapprochement et de conciliation avec la France. Il fallait donc, si l'on voulait arriver à un résultat, le convaincre de la nécessité de céder sa place à un prince avec lequel, par cela même qu'il n'aurait pas encore eu l'occasion de manifester publiquement ses sentiments et son opinion, on ne pouvait refuser d'entamer des négociations.

C'était là, étant donné le caractère de Charles-Emmanuel, malgré tous les ressorts qu'on fit jouer, malgré le concours et l'appui du pape, chose des plus délicates et des plus difficiles. Rien ne pourra mieux donner une idée de tout ce qui se passa à ce moment, du combat qui se livra alors dans l'esprit du pauvre roi, que cette lettre datée du 25 mai 1802, dans laquelle le duc d'Aoste, encore tout ému, tout troublé par ce qu'il vient d'apprendre, fait part à son frère du départ inopiné de Charles-Emmanuel pour Rome [1].

Le fait est, lui mande-t il, qu'il [le roi] a eu mal, qu'il a vomi à table [2] et, à 5 heures 1/2, il a donné l'ordre pour partir pour Rome et le surlendemain matin, c'étaient les onze heures, sans que personne ait pu prévoir les causes d'une telle détermination. Le

1. Charles-Emmanuel partit de Naples le vendredi 21 mai et arriva à Rome, au palais Colonna, le samedi 22.
2. Le mercredi 19 mai 1802.

médecin (Penthené) a fait le diable et dit des choses qu'on ne dit pas contre le roi, de fureur pour l'empêcher de faire cette démarche. Le bruit s'est répandu ici (ensuite de ce que lui-même a dit à plusieurs qu'il partait, pour une cause personnelle à lui, et pas pour affaires d'Etat) ; qu'il avait résolu d'abdiquer et qu'il voulait, ou faire approuver, ou justifier sa démarche auprès du pape.

Le fait est qu'il est parti en poste avec quatre voitures. Il a laissé l'ordre à Chalambert et à son bureau d'attendre ici (à Naples) les ordres qu'il aurait eu à leur envoyer sur ce qu'ils auraient dû faire. Le mercredi au soir [1], l'intendant Bénével écrivit à Chalambert, que les ordres étaient donnés pour les voitures et les équipages. Ni l'intendant, ni le roi chargèrent Chalambert de me rien dire et je sus cet ordre par la Ronza (?) en sortant du théâtre dans la rue. Chalambert arriva aussi là et me raconta tout cela. Comme le roi ne voulait pas que j'allasse le voir sans le prévenir la veille et que je n'avais plus le temps de le faire, je dis à Chalambert de lui dire que je n'étais pas allé, parce que personne ne m'avait rien dit de sa part et que j'avais craint de le détourner, ayant naturellement beaucoup à faire pour son départ. Il me fit dire qu'il aurait eu bien plaisir de me voir, mais qu'il n'en aurait effectivement pas eu le temps et qu'il m'aurait écrit arrivant à Rome.... Père Sénez a dit hier à quelqu'un qu'il avait écrit à quelqu'un à Rome pour tâcher de dissuader le Roi de faire ce qu'il se proposait et que la reine ne lui avait jamais laissé exécuter par le passé.

Tout ceci est très énigmatique, mais vous pouvez vous imaginer dans quelle situation horrible je suis. S'il ne fait pas ce qu'on dit, les choses sont à un point presque désespéré ; mais je n'en aurai aucune culpabilité. S'il le fait, c'est me tout abandonner au moment où il est peut-être déjà dit qu'il m'a ôté lui-même tout moyen de raccommoder passablement, et peut-être du tout, nos affaires et me jeter sur le dos toutes ses fausses démarches passées.

Le duc n'allait plus tarder à être fixé sur son sort. Dès le lendemain (le 26 mai), il recevait du roi une lettre, par laquelle celui-ci lui faisait connaître sa résolution, désormais

1. Le 19 mai.

irrévocable, lui exposait les conditions qu'il entendait mettre à son abdication et fixait au 4 juin la date de la lecture et de la signature de l'acte solennel qui allait faire du duc d'Aoste le roi Victor-Emmanuel Ier, de cet acte que le nouveau souverain ratifia quatre jours plus tard à Naples, pendant que Charles-Emmanuel se retirait dans la maison du Noviciat des Jésuites à Saint-André au Quirinal.

Le 8 juin, le jour même où il recevait et ratifiait l'acte d'abdication de Charles-Emmanuel, le nouveau roi adressait à ses deux frères, le duc de Genevois et le comte de Maurienne, une lettre que, malgré sa longueur, il y a, il me semble, intérêt à reproduire *in-extenso* :

Je vous écris cette lettre secrète, à vous deux en particulier. Le roi m'ayant témoigné clairement que son parti était pris sans retour (ni le médecin, ni les amis, ni les ennemis n'ayant plus rien pu obtenir sur son esprit), il m'a écrit pour me dire ses intentions à l'égard de ceux de sa maison qu'il voudra garder et de ceux qu'il voudra laisser à ma charge. Il n'exige pour lui que 200.000 livres de pension pour l'entretien de sa maison, si je serai en état de les lui fournir, jusqu'à ce que ma situation, si elle sera plus heureuse, puisse me permettre de l'augmenter. A sa mort, il exige que moi ou ses successeurs passeront 3000 livres par an à La Marmora, 3000 à don Tempia, 5000 au médecin et double paye à ceux qu'il a retenus à son service. Il m'a fait dire que pour ce qui est du reste (savoir : argenterie qu'il doit avoir pour un million et qu'on lui a fait observer pouvoir être à la Couronne) il aurait fini cela verbalement avec moi ; mais je doute que l'intendant et *la medica* (?) désireraient de boir (*sic*) presque tout cela.

Au moment qu'on allait signer, une estafette des Chablais [1] arriva de Viterbo. Ils écrivaient pour faire surseoir avec éclat jusqu'à ce que leurs intérêts fussent discutés. Apparemment, ils me connaissent bien peu pour croire que ce qu'on pourra stipuler par contrat puisse leur faire avoir plus que ce que je pourrais faire moi par bonne volonté.

1. Benoît-Maurice, duc de Chablais, oncle de Victor-Emmanuel Ier, avait épousé la sœur du nouveau roi, Marianne de Savoie.

Le roi n'avait cru pouvoir me passer que 6000 livres par mois, et depuis trois mois 9000 livres, parce que je faisais des dettes. Lui m'en demande 200.000, savoir 80.000 plus qu'il ne m'en donnait à moi, croyant faire beaucoup. Comment donc on prétend que j'assure quelque chose aux Chablais ? On compte sur mon économie personnelle et sur ce que je n'ai pas un médecin Penthené qui me suce, et en cela on a raison ; mais cela ne suffit pas. Je n'ai aucun revenu certain. Le roi veut encore se retenir la moitié qu'on lui donne comme roi, de manière que je finirai par être un roi mourant de faim en présence d'un médecin très bien nourri. Patience, si je pouvais réavoir mon pays !

Je suis prêt de tout endurer personnellement ; ma misère extérieure est si visible que j'ai déclaré ne recevoir aucuns compliments et ne tenir point de cour, mais de continuer à m'appeler *Marquis de Rivoli* ; car un roi, qui n'en a pas l'intérieur, fait rire et paraît un Don Quichotte.

Le bruit de l'abdication du roi s'étant répandu, Alquier [1] a dit à Gagarin [2] qu'y ayant beaucoup de personnalité entre le Premier

1. Ministre de France à la Cour de Naples.
2. Prince Paul Gagarine, ministre de Russie auprès du roi de Sardaigne. Il avait remplacé le prince Adam Czartoryski qu'Alexandre Ier avait rappelé auprès de lui peu de temps après son avènement.

J'ai pensé qu'on lirait peut-être avec intérêt ce que Vallaise, envoyé à Saint-Pétersbourg pour féliciter le nouveau tzar, disait à sa Cour du caractère et des antécédents du représentant de la Russie et qu'on serait surtout curieux de connaître le jugement que portait sur lui la duchesse d'Aoste :

« Son père, écrivait Vallaise, au moment où le prince Gagarine allait se rendre auprès de Charles-Emmanuel IV en qualité de Ministre de Russie, est ministre du commerce et jouit du plus grand crédit dans le conseil de S. M. C'est un jeune homme qui n'a jamais été employé dans les missions étrangères et dont on ne dit ni du bien ni du mal, marié depuis deux ans à une demoiselle de la plus grande distinction qui a été pendant longtemps la maîtresse en titre de Paul Ier (a) ... »

Peu de temps après l'arrivée de Gagarine (dans la deuxième quinzaine de décembre 1801), la duchesse d'Aoste traçait dans sa lettre du 9 janvier 1802, le portrait suivant du diplomate novice qu'Alexandre chargeait de le représenter auprès de la cour de Sardaigne : « Ici nous avons à présent le prince de Gagarine avec son épouse, ministre de Russie auprès du roi, et à dire le vrai il a 24 ou 25 ans et me paraît assez marionette. Il est assez joli, tourné à la française et jasant infiniment. Il a fait la campagne d'Italie avec Souvarow et le fait beaucoup valoir. Mais on prétend que la commission fut imaginée principalement pour l'éloigner de Pétersbourg où l'on ne doit pas encore être bien tranquille, y ayant de très grands partis. »

Décidément la duchesse d'Aoste avait été mal jugée par Marie-Caroline. Peut-être n'avait-elle pas « beaucoup d'esprit », mais à coup sûr elle en avait une certaine dose et s'en servait pour peindre assez finement les hommes d'État qui défilaient devant elle.

(a) Cf. Mémoires du général russe de Lœwenstern.

Consul et le roi, les choses se seraient arrangées plus facilement.

Cacault [1], qui s'est trouvé avec Chalambert à un dîner à Rome, a aussi témoigné beaucoup de contentement et d'amitié ; mais il faudra être aussi poli que sur l'œil....

Et pour répondre de son côté aux bonnes dispositions qu'on semblait vouloir lui témoigner, il ajoutait en post-scriptum :

J'oubliai de vous marquer qu'en ce moment qu'on pourrait se raccommoder avec Bonaparte, je mettrai sur vos adresses : *Marquis de Suse* et *Comte d'Asti* [2].

...Je me flatte, ajoutait-il avant de terminer, que ma nouvelle position, chers et chérissimes frères, ne vous fera pas oublier que je suis un de l'ancienne *Fradlanza* et que vous continuerez à traiter avec moi comme d'Aoste et pas autrement. Vos intérêts et les miens seront toujours les mêmes, et j'espère que vous serez persuadés que les miens personnels seront toujours après les vôtres. A présent vous serez Vice-Rois pour tout de bon, *alter nos*, tout ce que vous voudrez et je m'estimerai heureux de pouvoir vous soulager de vos peines. Ainsi, chers frères, parlez-moi toujours avec les mêmes termes, confiance et franchise que par le passé....

Je vous ai marqué dans le *dispaccio* que je dispense pour à présent tout le monde du serment. J'entends aussi dispenser le royaume de m'envoyer des députations qu'il n'est pas décent que je reçoive dans les Etats d'autrui.

Devenue reine, la duchesse d'Aoste n'avait pas manqué de donner, elle aussi, et presqu'en même temps que son mari, signe de vie à ses beaux-frères, et, dès le 10 juin, elle avait eu à cœur de leur faire en quelques lignes le récit de ce qui venait de se passer. Elle n'avait même pas pu résister à la tentation de donner en passant un coup de griffe à certaines conditions, d'ailleurs assez étranges, que Charles-Emmanuel avait cru devoir imposer à son successeur ; mais

---

1. Ministre de France à Rome.

2. Titres que devaient porter désormais, aux termes du traité de paix de 1796, le duc de Genevois et le comte de Maurienne.

elle avait surtout eu soin de bien leur marquer qu'elle entendait ne rien changer aux rapports d'amitié et d'intimité qu'elle avait toujours eus avec eux.

Le roi, mes chers beaux frères, malgré toutes les possibles représentations du Pape (qui le firent tomber en convulsions), ayant voulu absolument abdiquer à Rome le 4 au soir, je vous fais juges de ma consternation en apprenant cette nouvelle... tout le monde se promettant monts et merveilles d'un successeur, qui, n'ayant aucun moyen, devra sans doute bientôt les détromper. Pour moi, fidèle à mon système si nécessaire à ma tranquillité, je ne me mêlerai jamais que de mes devoirs, d'autant plus que, ne pouvant point moralement être toujours du même avis, je soufrirai trop de voir rejeter le mien pour un autre qui ne me persuaderait point....

Et je n'ai aucun moyen de briller en bienfaisance comme lui en politique.... Le roi Charles (Emmanuel) a été très discret pour lui-même ; mais pour des gens, qu'il ne veut plus, il exige pour toujours et la paye et la table (20 personnes) ; et ce qu'il y a, selon moi, de ridicule, c'est qu'il garde le titre de roi *in partibus* [1], car je ne saurais comment le nommer....

.... Hier nous écrivîmes à tous les rois et les reines possibles.

Un peu plus d'un mois plus tard, le 12 juillet 1802, Marie-Thérèse ajoutait dans une autre lettre à ses beaux-frères :

Par charité, ne me donnez plus de titres et surtout sachez que celui de *sujet* pour vous n'est bon qu'avec le roi ; car pour les femmes, elles n'en peuvent avoir, n'étant pas elles-mêmes régnantes. Enfin continuez-moi votre chère amitié.

Accueillis avec la plus grande bonté par Pie VII et descendus à leur arrivée à Rome, le 16 juin, au Palais Colonna, dans le palais même où Charles-Emmanuel IV venait de signer son abdication, les nouveaux souverains y avaient reçu les hommages du Sacré Collège : « Tous les cardinaux

---

1. Marie-Thérèse était loin de penser à ce moment que, 19 ans plus tard, en 1821, Victor-Emmanuel, abdiquant à son tour, se réserverait lui aussi ce titre de Roi *in partibus*.

y sont venus, écrivait le Roi, excepté un qui se mourait et ceux qui ne pouvaient absolument pas se traîner. On nous donne partout des marques de l'envie de s'efforcer de nous faire les meilleurs accueils. »

Et il ajoutait, rendant à ses hôtes une justice qui leur était bien due : « Nous sommes logés dans la maison Colonna [1] qui sont les plus honnêtes gens du monde. »

La reine complétait de son côté ce témoignage de juste reconnaissance dans une lettre postérieure de quelques jours seulement :

Nous sommes à Rome depuis le 16 juin et on ne peut mieux au palais Colonna, dont les maîtres sont des anges, ne pensant qu'à nous.... Nous sommes logés superbement et passons de nos chambres dans le jardin qui est petit, mais une ressource pour le roi. Nous dînons toujours avec la princesse et ses filles, dont l'aînée est l'épouse du prince Rospigliosi et bien belle. Nous sortons toujours avec la princesse et allons tout voir. Le soir, nous allons au théâtre et la musique est très bonne.

Sans parler même de la crise politique et des difficultés de toutes sortes qui mettaient en question l'existence même de son pays, Victor-Emmanuel allait, presque dès le lendemain de son avénement, s'apercevoir que tout n'était pas rose dans le métier de roi. Les premiers gros ennuis, les premiers embarras quelque peu sérieux lui vinrent de sa propre famille, des réclamations, des exigences, de l'hostilité et surtout de l'avidité de son oncle, le duc de Chablais et de sa sœur la duchesse.

Malgré toute cette suite d'embarras — écrit-il à son frère Genevois dans une lettre dans laquelle il venait de le mettre au courant de ses différentes préoccupations — il y a une chose qui me fait plus de peine que tout cela. Je vous ai déjà marqué que les

1. Il s'agit là de Philippe Colonna, prince de Palliano, qui avait épousé Catherine-Louise-Françoise, sœur du prince Charles de Savoie-Carignan, père de Charles-Albert. Victor-Emmanuel aurait pu dire un mot de la générosité du prince Colonna, qui n'avait pas hésité à prêter de l'argent au duc d'Aoste en un moment de détresse.

Chablais s'étaient mis à me bouder et avaient protesté contre l'abdication du roi, comme si c'était moi qui l'eusse induit à cela.

Vous savez que je l'en avais déjà empêché deux fois, et la troisième, Joubert. Maintenant il l'a fait sans me le dire et d'une
manière qui n'était rien moins que désirable pour moi. Cependant
ils ont fait insérer l'article uni (*sic*) dans l'acte (d'abdication) que
vous avez reçu, et ils auraient voulu y en faire insérer bien d'autres ; mais mon frère n'a voulu rien dire de plus. Cependant il
s'est engagé à les soutenir sans savoir où leurs prétentions montaient.

Maintenant ils prétendent que je fasse des sacrifices ruineux
pour l'Etat qui est d'ailleurs *in fieri*. J'ai cédé à tout ce que ma
ma conscience me permet ; mais il n'est pas possible encore que
je puisse les contenter.

Il y avait plusieurs jours que j'étais à Rome, qu'ils n'ont même
pas envoyé demander si j'avais fait bon voyage, et moi je les
croyais à Viterbo. Je laissais entendre à quelqu'un qui allait chez
lui (le duc de Chablais) que cela ferait tenir des discours ; que
nous pouvions discuter nos affaires, s'ils le voulaient, par des
tiers sans nous bouder de la sorte, sans que je susse encore pourquoi.

Ils vinrent ; je les reçus comme à l'ordinaire, avec fête.
J'allais chez eux ; ils me reçurent fort bien. Mais m'ayant fait
présenter un mémoire par mon frère [Charles-Emmanuel] qui
contenait beaucoup de mots couverts et qui tendait à me céder
500.000 livres de leur apanage (ce qui à la mort du pauvre Chablais me viendrait) et que, si je ne rentre plus en Piémont, ou en
partie, je n'aurais plus ; — et cela pour m'engager à leur donner,
à lui et à sa femme, 170.000 livres d'or leurs deux vies durant ; à
me charger de toutes leurs gens, ce qui m'absorbe plus de la
moitié de l'apanage, et cela pour la vie de toutes ces gens ; à leur
laisser la disponibilité de 130.000 écus d'or sur leur apanage (ce qui
était dans la patente d'apanage) et de tous leurs biens libres,
compris les Vertole (Apertole); et cela ils voulaient quand même
mes revenus futurs me mettraient hors d'état de faire tous ces
efforts qui leur donnent d'ailleurs le pouvoir d'extraire du Piémont un capital de plusieurs millions dans le moment où il n'y a
plus d'argent en Piémont, et cela pour en disposer hors du pays,
où ils déclarent ne plus vouloir rentrer.

Enfin à force de discussions que j'ai fait passer par un Conseil que j'ai assemblé des peu de magistrats qui sont ici, puisqu'eux avaient un avocat *Monsignore*, ne pouvant pas tout seul décider cette affaire, — je me flatte que cela sera fini dans les termes que vous verrez par les papiers ci-inclus. — Le roi, mon frère, ayant trouvé honnête le billet confidentiel que je leur ai fait, s'est retiré de cette affaire et ne veut plus y être mêlé.

Post Scriptum. L'affaire de Chablais est finie.

L'affaire était réglée, mais elle laissait une amère rancune, un ferment de discorde, ou tout au moins une profonde et insurmontable défiance dans le cœur de l'oncle et du neveu. Comme le disait Victor-Emmanuel, il lui était matériellement impossible de satisfaire les appétits et les exigences des Chablais. Sa misère était si réelle, sa détresse si grande qu'il était obligé de tendre la main et de demander l'aumône à ses Alliés.

Pour la misère — écrivait-il à ses frères, presqu'au lendemain de son avènement, en leur faisant le lamentable tableau de la situation dont il venait d'hériter — j'y suis à peu près toujours bien plongé. Moi, je suis chargé de plus de monde de ce qu'il l'était lui (le roi Charles-Emmanuel IV). Car il m'a endossé presque tous les siens et je dois lui donner 16.000 livres chaque mois et aux Chablais 8.000. Il s'est retenu une argenterie très forte pour escorte. Il doit avoir 28 chandeliers, 16 tarines (*sic*), toute la batterie de cuisine, vaisselle, en un mot huit coffres d'argenterie, et moi je n'ai pas un chandelier, ni batterie de cuisine et à peine quelques assiettes que j'avais déjà. Il m'a pourtant envoyé une toilette, ce que ma femme n'avait plus, les ayant réalisés en Piémont, et des dentelles. Le roi s'est encore retenu la moitié des arrérages d'Angleterre, dont il ne me reste que la moitié pour les dépenses de l'Etat, et ces subsides finissent dans deux mois. Ainsi je vivrai, moi et ma nombreuse Cour, comme un caméléon, d'air, si on ne me rendra quelque chose avant.

Il fallait à tout prix faire au plus vite la chasse aux subsides. Il ne restait plus grand'chose des 300.000 roubles envoyés par Paul Ier à la fin de 1799, et l'Angleterre ne s'était engagée à fournir 4.000 livres sterling de subside mensuel que jusqu'à la fin du mois d'octobre 1802. Alexandre Ier s'était, il est vrai, déclaré prêt, non seulement à servir de protecteur à la malheureuse Maison de Savoie, mais à solliciter le concours matériel et à provoquer la participation des autres Cours. Avant d'agir et afin de pouvoir donner plus de poids à ses démarches, il avait chargé Lisakévitch, son ministre auprès du roi de Sardaigne, de lui établir un tableau de la famille royale et de lui fournir un état approximatif des sommes indispensables à son entretien et à son maintien dans un rang à peu près convenable. Voici du reste la note même que Victor-Emmanuel remit au représentant du tzar :

La famille royale forme actuellement quatre maisons séparées, savoir : celle du roi régnant, celle du roi Charles (Emmanuel), celle du duc de Chablais et celle du duc de Genevois.

L'entretien de la première, y compris celui des personnes qui y sont affectées, exige au moins la somme annuelle de 300.000 livres.

Le roi Charles (Emmanuel) s'est réservé dans l'acte d'abdication la pension annuelle et viagère de 200.000 livres.

On ne peut fixer à moins de 100.000 livres ce qui est nécessaire pour la maison de Chablais.

Le duc de Genevois tirait son entretien de la charge de Vice-Roi de la Sardaigne, mais sa santé dérangée exigerait qu'il revînt sur le continent pour la rétablir ; on ne pourra pas lui assigner moins de 60.000 livres.

L'entretien des ministres, agents et chargés d'affaires auprès des différentes cours étrangères, malgré toute l'économie, emporte plus de 120.000 livres.

Ces différents objets de toute nécessité composent la somme de 785.000 livres ; mais ils ne sont pas les seuls. Il y en a d'autres ou actuels ou à prévoir, des frais de voyage, de courriers à expédier et autres objets que les circonstances rendent nécessaires [1]. L'éducation de la princesse Béatrix [2], d'une manière convenable

1. Les frais de poste seuls montaient à plus de 24.000 livres par an.
2. Fille aînée du roi, la future duchesse de Modène.

et digne de sa naissance, ne peut qu'être calculée pour l'augmentation de la dépense. etc...

Sans attendre la réponse des autres souverains, Alexandre s'engagea immédiatement à fournir à Victor-Emmanuel un subside annuel de 75.000 roubles, et, comme l'écrivait Chalambert, le 18 décembre 1802 :

S. M. l'Empereur de Russie a prescrit à ses ministres à Vienne, Londres, Berlin et Lisbonne d'employer leurs bons offices et même de faire en son nom les démarches les plus empressées pour engager ces Cours à assurer également un subside annuel à la Maison de Savoie.

En même temps Chalambert ne restait pas inactif :

En continuant à vous régler à cet égard d'après l'avis du Ministre de Russie — écrivait-il, le 18 octobre 1802, à l'abbé Pansoia, agent diplomatique du roi de Sardaigne à Berlin — vous tâcherez cependant de faire accélérer la chose et une réponse du cabinet de Berlin, autant que possible, car nos besoins arrivent au moins auprès d'un million, et vous sentez bien que 75.000 roubles n'en couvrent qu'une petite partie.

Loin de répondre dans le sens désiré, la Cour de Berlin fit la sourde oreille et se refusa même à céder l'année suivante aux pressantes instances du Cabinet de Saint-Pétersbourg.

La Saxe, moins catégorique dans sa réponse, avait cherché à se dérober :

La réponse, que vous a faite le ministre de Saxe à l'égard du subside — tels sont les termes dont se servait Chalambert dans sa dépêche du 6 avril à l'abbé Pansoia — n'est guère satisfaisante, et son avis de s'abstenir à présent d'en faire la demande (à l'électeur) peut être comparé à un refus. Cela étant, Sa Majesté est dans l'intention de suspendre à cet égard pour le présent toute ultérieure instance ou démarche.

On n'avait pas mieux réussi, on s'y attendait du reste,

du côté de Vienne. Comme le mandait le comte de Front, mis au courant de ce qui se passait par le comte Woronzoff, ambassadeur de Russie à Londres, l'empereur Alexandre avait cependant ordonné à son ambassadeur en Autriche « de presser la Cour de Vienne dans les termes les plus forts de concourir à l'entretien du Roi en lui faisant sentir que ce n'a été que par son dévonement à la bonne cause que le roi de Sardaigne se trouve dans l'état où il est. Le comte Woronzoff espère, d'après la nature pressante de cet office et le besoin qu'on a de la Russie à Vienne, qu'il produira un bon effet. »

Woronzoff allait bientôt constater que la Cour de Vienne n'était pas plus que celles de Berlin et de Dresde, disposée à dénouer les cordons de sa bourse pour venir en aide à la Maison de Savoie.

On avait également échoué du côté de l'Espagne, bien que Victor-Emmanuel eût cru sage de faire donner à Balbo des instructions telles qu'elles semblaient devoir exclure la possibilité d'un refus.

Sa Majesté m'ordonne de vous dire, écrivait Gabet au Chevalier Balbo [1], que, quels que puissent être les embarras des finances de S. M. Catholique et le poids de partie de l'entretien de la famille de Bourbon, Elle espère néanmoins qu'il vous réussira d'obtenir un subside, vu surtout qu'on peut le réduire à une somme qui ne saurait être onéreuse au Souverain du Mexique et du Pérou et que l'insuffisance des ressources de notre bon Maître réclame de la part d'un parent et d'un ami généreux et que la grandeur du trône espagnol ne saurait refuser à un roi dans la disgrâce.

Mais Sa Majesté Catholique, ayant précisément des embarras, du reste très réels, de ses finances, ne se laissa pas attendrir.

Le prince régent de Portugal [2] avait été moins insensible et plus généreux. Il avait sans hésiter « assigné une somme

1. A ce moment ministre à Madrid.
2. Jean VI de Portugal.

annuelle de 25.000 *crusados* [1] pour concourir à l'entretien de Sa Majesté et de la Maison de Savoie », et exprimé ses regrets de ne pouvoir « faire tout ce qu'il aurait souhaité pour un roi parent et ami ».

« Je n'ai pas manqué de m'étendre en remerciements avec Son Excellence [2], écrivait le 22 février 1803 Chalambert au comte de Front, quoiqu'en moi-même j'ai trouvé la somme un peu modique. »

Deux jours plus tard le comte de Front tenait à peu près le même langage à Chalambert :

M. Hawkesbury vient de me communiquer officiellement que S. M. Britannique avait daigné accordé la somme de 10.000 livres sterling annuellement pour l'entretien de Sa Majesté jusqu'à ce qu'Elle change de situation... Cette somme est certainement au-dessous de ce que j'aurais désiré, mais il faut observer que le Ministère d'Angleterre, ne pouvant recourir pour cet objet au Parlement, pour ne pas donner à l'affaire une publicité que Markoff poursuit pour nous [3], cette somme est prise entièrement sur la liste civile.

En somme, malgré tout ce que l'on avait tenté, malgré toutes les démarches, plutôt humiliantes, auxquelles Victor-Emmanuel s'était résigné, le chiffre total des subsides promis arrivait à peine à la moitié des sommes dont il avait absolument besoin pour subvenir à l'entretien de sa Cour et assurer à peu près le fonctionnement des organes et des services les plus essentiels de son gouvernement.

Entre temps, aux difficultés financières, au milieu desquelles Victor-Emmanuel avait tant de peine à se débattre, étaient venues s'ajouter des préoccupations politiques de la plus haute gravité. — Le Premier Consul se refusait à reconnaître le nouveau roi [4], et le 29 août 1802 il avait for-

---

1. Le *crusado* valait environ 3 lire 2 sous.
2. Don Juan d'Almeida, Ministre et Secrétaire d'Etat pour les Affaires Etrangères et la Guerre.
3. Les négociations que Markoff poursuivait à Paris.
4. Cf. *Correspondance*, T. VII, n° 6.144. Au citoyen Talleyrand, Paris, 8 messidor an X, (27 juin 1802.)

— 51 —

mellement déclaré à Saint-Marsan [1] que « le Piémont ne peut plus appartenir au Piémont ».

Dans l'intervalle, l'application de l'arrêté des Consuls du 10 messidor an X (29 juin 1802) [2], avait porté un coup terrible au pauvre Roi.

A peine avons-nous eu le temps de respirer à Rome, écrit le 28 juillet 1802 la reine au duc de Genevois, que voilà un décret infâme des Consuls qui ordonne à tous les Piémontais de rentrer au Piémont... Jugez de la consternation universelle et de la nôtre !... Dieu est le maître, et ce que je prévois encore, c'est qu'on force bientôt le pape de nous envoyer le Secrétaire d'Etat, Consalvi, étant le très humble serviteur du ministre de France, et alors j'espère que nous irons en Sardaigne y jouer un rôle décent et avoir la consolation d'être avec vous.

Le nouveau roi était en effet bien loin d'être *persona grata* auprès du Premier Consul qui, dès le 8 messidor an X, avait nettement fait connaître ses intentions à Talleyrand : « Je ne souffrirai pas qu'il [le duc d'Aoste] séjourne sur le continent d'Italie. [3] » La reine pouvait donc à bon droit s'écrier dans une de ses lettres à Genevois : « Hélas ! cher frère, le Piémont est réuni. Le 23 septembre se fit le triste décret : Tout le monde est désolé et moi plus que personne. » [4]

A tous ces coups, qui le frappèrent presque sans interruption depuis son avènement, s'ajoutait encore pour Victor-Emmanuel la crainte de se voir obligé à quitter Rome, malgré les promesses formelles et l'appui effectif du nouveau représentant d'Alexandre, Lisakévitch. « Notre ministre de

1. Cf. *Correspondance*, T. VIII. N° 6.287. A M. de Saint-Marsan. Paris, 11 fructidor an X (29 août 1802).

2. Cf. *Correspondance*, T. VII. N° 6.149. Arrêté des Consuls. Paris, 10 messidor an X, (29 juin 1802).

3. *Correspondance*, T. VII. N° 6.144. Au citoyen Talleyrand. Paris, 8 messidor an X.

4. Lecture fut donnée le 22 septembre à Turin du Sénatus-Consulte de réunion, daté du 11.

Russie, disait de lui Marie-Thérèse, paraît homme d'esprit ; sa femme est bonne et promet merveilles de sa Cour. »

Malgré cela, les choses paraissaient prendre une tournure de jour en jour plus inquiétante. Au commencement d'octobre, Consalvi avait fait part à Chalambert des entretiens qu'il venait d'avoir avec Cacault. En même temps qu'il préparait des projets d'arrangement qui devaient paraître inacceptables à Victor-Emmanuel, le gouvernement français ne cessait d'insister pour que ce prince quittât tout au moins Rome et allât s'établir à une dizaine de lieues de la Ville Eternelle.

Bien que le Cardinal eût prié Chalambert de lui faire tenir dans le plus bref délai possible la réponse du roi qu'on lui réclamait d'urgence, il semble cependant que l'on n'était pas aussi terriblement impatient à Paris.

Saisi de la question par une dépêche de Lisakévitch, Markoff avait réussi à parer le coup, et le 11 décembre 1802 Chalambert croyait les choses assez avancées pour ne pas craindre d'écrire :

Il y a quelque probabilité que la Cour ne sera pas obligée de quitter le séjour de Rome. Le comte Markoff, ambassadeur de Russie à Paris, ayant fait des représentations à cet égard au Premier Consul, vient d'écrire au Chevalier de Lisakévitch qu'il ne sait comment expliquer les ultérieures instances du ministre Cacault, puisque le dit Premier Consul l'avait assuré, il y a quelque temps, qu'il n'insistait plus sur le départ de Rome ; qu'au reste, il allait faire les démarches nécessaires pour qu'on fît passer audit Ministre les ordres analogues à ce désistement.

Cacault, bien que n'ayant encore reçu aucune instruction, crut sage de se contenter de la communication que le cardinal s'empressa de lui donner de la lettre de Markoff et de « suspendre toute ultérieure instance ».

La réponse officielle ne tarda pas du reste à arriver à Rome :

Markoff, écrivait le roi à son frère, a insisté auprès du Premier Consul et il a reçu la promesse que nous ne serions plus molestés ici.

Mais en réalité le danger, loin d'être conjuré, était tout au plus ajourné. Dès les premiers mois de 1803, le gouvernement français avait imprimé un caractère tout autre et tout nouveau aux conversations qu'il entretenait avec Markoff. « Je discute en ce moment, écrivait celui-ci le 14 mars 1803, les intérêts du roi de Sardaigne avec le gouvernement français. » S'il avait pu non sans peine obtenir quelques modifications de détail aux propositions primitives, quelques légères concessions sans importance politique, quelques augmentations du chiffre des pensions à allouer aux princes de la Maison de Savoie, il n'en était pas moins obligé de reconnaître lui-même qu' « à toutes ces conditions le gouvernement français met *celle de la renonciation du roi à ses anciens États* ».

C'était là une condition que Victor-Emmanuel ne pouvait accepter et qui, au bout de quatre mois de correspondance et d'échanges de vues, amena la rupture définitive des négociations conduites par Markoff [1].

Bien que certain et presque obligatoire, le refus de Victor-Emmanuel n'en était pas moins très méritoire et très honorable pour lui, si l'on considère la réelle et profonde misère de ce roi, vivant presqu'au jour le jour, comme le prouve le relevé de sa triste situation financière qu'il envoyait presqu'au même moment, le 18 avril 1803, à son frère Genevois.

La Russie m'accorde 180.000 livres, l'Angleterre, 2 0.000, le Portugal, 60.000, ce qui fait en tout 440.000 livres. Otez le trois pour cent de l'échange pour retirer ces sommes. Je dois donner 200.000 livres au roi Charles-Emmanuel, 96.000 à mon oncle [Chablais].

---

1. Markoff lui-même avait prévu dans sa dépêche du 14 mars 1803 le refus du Roi, puisqu'il terminait sa dépêche par ces mots : « C'est ce qui m'empêche d'accepter ces propositions, vu la modicité de la compensation pour une cession de cette nature. »

100.000 livres vont pour les payes des ministres aux Cours étrangères, pour les dépenses du bureau ici et pour les autres de la diplomatie. Il ne me reste donc que 30.000 livres pour vivre, moi, ma femme et maison, pour les dépenses incertaines des couches [1], voyages et autres. L'empereur et le roi d'Espagne ont protesté ne pouvoir point contribuer à mon entretien et le roi de Prusse s'est refusé nettement à la Russie. Vous voyez par là ma misérable situation si nos affaires ne s'accommodent pas !

Il y avait donc de la part de Victor-Emmanuel un certain mérite à préférer une misère à laquelle aurait immédiatement mis fin sa renonciation à ses anciens États. Markoff en effet avait été chargé de lui offrir le choix entre « le Siennois et l'État des Présides ou la république de Lucques avec un arrondissement pris sur la Toscane et le Modenais avec le duché de Massa-Carrara, et d'ajouter à celui de ces deux lots que Sa Majesté voudrait choisir une pension de 500.000 francs pour le roi qui a abdiqué, une somme de trois millions de livres pour servir au premier établissement du roi actuellement régnant et la permission aux princes et princesses de la Maison de Savoie qui avaient des possessions en Piémont de les vendre et d'en disposer à leur volonté, sans parler de la promesse d'une nouvelle augmentation du subside annuel que la Russie lui servait.

Du même coup, le roi donnait, probablement inconsciemment et involontairement, mais en tout cas fort à propos, une petite leçon au duc de Genevois qui, le 24 septembre 1802, avait écrit au comte de Maurienne :

Pour ce qui est de l'argent, l'Angleterre en fournit à la Cour, mais on se le mange là-bas (à Rome). Le roi aurait pu se le manger ici (en Sardaigne). Il aurait été plus tranquille et aurait fait un avantage au pays.

Quelques jours après l'envoi de cette note où le roi lui exposait sa détresse, le 28 avril 1803, le duc de Genevois

---

1. La reine était enceinte à ce moment.

s'embarquait à Cagliari sur une frégate anglaise qui faisait voile pour Naples où elle mouilla le 1er mai. Motivé en apparence par l'état de santé du duc assez éprouvé par le climat de la Sardaigne, mais surtout par le coup que lui avait porté la mort de son frère préféré, le comte de Maurienne, ce voyage avait en réalité un but politique. Le duc se proposait de combattre à la Cour même de son frère certaines influences plus ou moins ouvertement hostiles qui avaient fini par prendre le dessus et à réduire à une espèce de sinécure les fonctions de Vice-Roi que le duc de Genevois entendait remplir d'une tout autre façon, en se vouant réellement et sérieusement à la défense des intérêts de l'île.

Mais à mesure que s'approchait le moment de l'entretien qu'il désirait avoir depuis si longtemps, le duc de Genevois, connaissant le caractère du roi, son frère, aussi violent, aussi entier que le sien, n'avait pu s'empêcher d'envisager avec une réelle appréhension les conséquences presqu'inévitables d'une explication pénible et d'une scène forcément orageuse. Aussi, tout en profitant du séjour relativement court qu'il fit à la Cour de Ferdinand IV, où il avait été reçu à bras ouverts, pour admirer les merveilles du golfe, les beautés et les richesses de Naples, le Marquis de Suse avait-il cru sage de s'adresser à sa belle-sœur, de la mettre au courant de la situation, de la prier non seulement de s'entremettre entre lui et le roi, mais de l'amener à approuver les mesures qui seules lui semblaient de nature à assurer la prospérité de la Sardaigne. Marie-Thérèse n'osa se charger d'une mission aussi délicate.

Le roi (auquel je crois mieux de ne pas parler du contenu de votre lettre) — lui disait-elle dans la réponse qu'à la date du 6 mai 1803 elle faisait à la longue lettre du duc — connaît sûrement vos sentiments, apprécie vos services et vous est tendrement attaché par tous les titres. Il veut même et croit ne rien faire que d'après vos avis ; mais je vous dirai que moi-même (malgré toute la tendresse qu'il a pour moi), je suis loin de savoir tout ce qu'il fait... Du reste je puis vous assurer que je sais rien et ne veux rien savoir que ce que le roi me dit de ses affaires, et cela, parce que je me suis promis de ne me mêler de rien, attendu que si les choses ne réussissaient point, j'en mourrais de désespoir, étant trop sensible pour résister aux reproches de ma conscience. Je dis à tout le monde mon système et je crois qu'on en est convaincu.

C'était là une réponse peu encourageante pour le duc de Genevois et qui ne pouvait que le confirmer dans sa résolution de ne pas aborder, au moins pour le moment, le sujet et d'attendre que le roi mît lui-même la question sur le tapis.

Pendant ce temps, on s'occupait de préparer à Rome l'appartement que l'on destinait au duc.

Je vous dirai, lui écrivait la reine le 12 mai 1803, que le connétable [1], souffrant continuellement des nerfs, est l'homme du monde le plus honnête, mais en même temps le plus minutieux que je connaisse. Au moment qu'il a appris votre venue à carnaval, il voulut savoir si vous logeriez chez lui, et sur ma réponse : « Je n'en doute pas », il fut dès lors occupé de votre appartement, sans vous avoir fait aucune espèce d'offre, d'ailleurs, à cet égard, comme il fit avec nous à peine arrivés à Naples, sans que nous en sussions un mot.

Maintenant, dès qu'il vous sut débarqué, il voulut savoir de combien de personnes vous aviez à votre suite, et dès qu'il sait la poste arrivée, il envoie chez Roburent [2] pour le savoir, ce qui fut cause de la lettre que ce dernier écrivit à Richelmi, et dont, sans cela, il n'aurait rien fait, ce palais pouvant loger une trentaine de personnes dans un quart sans gêner personne. Ce matin ayant su par Roburent que vous aviez écrit à la Connétable, et celle-ci disant que vous ne parliez pas de votre suite, pour tirer de perplexité à ce pauvre seigneur, je crus mieux (qu'il y eût peut-être plus de détails) remettre aussi votre seconde lettre à sa femme et je désire qu'il y trouve de quoi se tranquilliser ; car sans cela il sera toujours en transes, comme il l'est à force de crainte de manquer pour les moindres bagatelles, surtout quand cela peut avoir

---

1. Le prince Colonna était Grand-Connétable du royaume de Naples.
2. Premier écuyer du roi.

quelque rapport avec notre service à nous, pour qui, pauvre homme, il se mettrait en quatre, s'il le pouvait.

Lui parlant ensuite du projet qu'ils avaient, le roi et elle, d'aller à sa rencontre, la reine ajoutait :

La maison d'Albano étant très petite, il n'y aurait pas de place pour y coucher pour vous, et d'ailleurs nous ne voudrions pas retarder le plaisir d'embrasser le reste de la famille, ainsi nous y serons à votre arrivée, dont l'heure dépendra de vous, pourvu que nous sachions si vous y voulez dîner, et ensuite nous viendrons à Rome avec vous où, après vous avoir conduit où vous voudrez, nous retournerons avec Béatrix [1], et vous enverrons une voiture pour faire vos visites en liberté et venir nous rejoindre à la maison quand il vous plaira. Et là je vous présenterai les deux familles Doria et Colonna, dont la première est le babil et l'autre le silence même ; car je crois qu'il vaut mieux que vous voyez tous le même jour...

Il en fut comme la reine l'avait proposé. Le duc de Genevois arriva le 22 mai à Albano, où le roi et la reine étaient venus de leur côté la veille, et après le dîner ils prirent ensemble le chemin de Rome, où le jour même le duc alla voir son frère Charles-Emmanuel, puis son oncle Chablais, avant d'aller, accompagné par son frère, à Monte-Cavallo présenter ses devoirs au Pape.

Les jours, les semaines s'écoulèrent, sans que Victor-Emmanuel fit mine de vouloir rompre le silence, dans lequel il avait évidemment résolu de se renfermer. Enfin, lassé d'attendre, le duc de Genevois se décida le 8 juillet 1803 à adresser au roi une longue lettre, tout entière consacrée aux affaires et à la situation de la Sardaigne, qu'il terminait par l'offre de sa démission, et dans laquelle il disait entre autres:

Je ne cacherai pas à Votre Majesté qu'au milieu des caresses et des démonstrations du plus vif amour fraternel dont Votre Majesté m'a comblé à mon arrivée, je n'ai pu à moins que de

1. La fille aînée de Marie-Thérèse.

me sentir vivement affecté de ne m'entendre pas dire le moindre
mot qui pût marquer qu'Elle eût agréé nos services, ou qu'Elle eût
été contente de ce qui s'était fait au temps de mon administration;
et de plus pas le moindre empressement des informations des
affaires. Pendant huit jours, ni Votre Majesté, ni la Reine ne me
nommèrent jamais la Sardaigne que pour me demander des nouvelles des uns et des autres, comme si je venais d'un pays de
leur connaissance, mais qui n'eut rien à faire avec eux.

Il n'était désormais plus possible d'échapper à une explication que Victor-Emmanuel, non sans raison, aimait
beaucoup mieux donner à son frère par écrit que de vive
voix. Dès le lendemain, après avoir réfuté point par point
les différents griefs exposés par le duc, il ajoutait, sans
jamais se départir d'un calme inattendu de sa part, sans
se laisser aller à la moindre violence, en apportant le soin le
plus extrême à toutes les expressions qu'il employa :

Si je vous ai dit qu'on vous avait échauffé la tête et que vous
vous laissiez guider, ce n'a été qu'en réponse à ce que vous m'a-
viez déjà dit à moi même, que mes intentions étaient bonnes,
mais que je n'agissais qu'après à ceux que j'avais autour de moi
et mon bureau me faisaient faire.....

Du reste, tous les deux, nous connaissons réciproquement
notre attachement l'un pour l'autre depuis longtemps et notre
vivacité réciproque, et nous devons par conséquent ne pas faire
plus de cas de cela que la chose ne mérite et continuer à travailler tous les deux pour le bien du pays que Dieu nous a confié.

Je vous avoue que ce qui m'a le plus étonné avait été la précipitation avec laquelle vous m'avez demandé votre démission et
déclaré vouloir la prendre sous le refus que je vous en ai fait d'a-
bord... J'ai toujours regardé votre continuation dans l'emploi de
vice-roi, comme une marque d'attachement que vous avez donné
à moi et à la Sardaigne, mais jamais comme une obligation, surtout après la mort de notre pauvre frère qui vous y laissait seul.

On ne pouvait mieux parler. Ce langage plein de modé-
ration, de bon sens et de dignité, ces explications si claires,
ces expressions à la fois si franches et si amicales trouvè-

rent le chemin du cœur du duc de Genevois. L'entente, l'harmonie, l'intimité même se rétablirent du coup entre les deux frères.

La réconciliation était si complète que Genevois passa le mois d'août avec son frère à la villa d'Albano, qu'on ne quitta au commencement de septembre pour rentrer à Rome qu'à cause de l'imminence des couches de la Reine. Le 19 septembre, Marie-Thérèse donna en effet le jour à deux filles, que le duc d'Aoste et la petite princesse Béatrix tinrent sur les fonts baptismaux et auxquelles on donna les noms de Marie-Thérèse [1], et de Marianne [2].

C'était là un nouveau coup, une grosse déception pour Victor-Emmanuel qui avait compté sur la naissance d'un fils, dont la venue au monde aurait assuré la transmission directe de la couronne et fait disparaître, au moins pour un certain temps, le danger d'extinction qui menaçait la branche aînée de la Maison de Savoie.

Hanté de cette idée, tremblant à la pensée que la couronne pourrait échapper à cette branche aînée, qui après lui n'aurait eu d'autre représentant que son frère Genevois, Victor-Emmanuel le vit presqu'avec joie prendre au commencement d'octobre la route de Naples, où le duc allait attendre le vaisseau qui devait le ramener à Cagliari. Il se berçait de l'espoir d'avoir convaincu le duc et espérait bien qu'il profiterait de son séjour à la Cour de Ferdinand IV pour s'y fiancer, ou tout au moins pour y préparer ses fiançailles, avec une des filles du roi des Deux-Siciles. Ses espoirs furent de courte durée, puisque dès le 11 octobre Genevois lui écrivait :

Quant à l'affaire du mariage, je souhaiterais bien de l'effectuer, car étant de votre intention et connaissant que cela pourrait être utile à la sécurité de la continuation de la famille, je suis bien

1. Marie-Thérèse épousa en 1820 l'infant Charles-Louis prince de Lucques.
2. Marianne ne se maria qu'en 1831, avec celui qui quatre ans plus tard devint l'empereur d'Autriche Ferdinand Ier.

loin de m'y refuser ; mais vous devez comprendre qu'il n'est pas
possible que je me marie, n'ayant rien autre que ce que la Sardaigne me donne pour que j'y reste, de manière que je serais
obligé d'y rester pour vivre et il peut y arriver tant de circonstances qui me mettent dans le cas de la quitter, et alors je me
trouverais marié et peut-être avec des enfants, sans le sold (sic)
pour vivre..... Il n'y aurait pour me mettre dans la possibilité de
me marier autre chose si non que la Cour de Naples me fît des
propositions avantageuses qui puissent me mettre en situation de
pouvoir subsister sérieusement dans le cas que je fusse dans la
nécessité de quitter la Sardaigne avant l'époque d'un établissement en terre ferme pour notre famille, chose qui me paraît assez
difficile dans ce moment où les Français les [1] réduisent à la misère.
D'autant plus que je dois voir de moi-même que, pour le moment,
quoique descendant de Bérold, je suis un assez mince parti.
Aussi l'on me fait bien des politesses ici, mais je n'ai pas eu la
moindre proposition ni directe, ni indirecte...

J'espère que vous trouverez mes réflexions justes. Ce n'est
pas que je ne veuille pas me marier, car je le ferais même
volontiers ; mais parce qu'à mon âge [2] on ne se marie plus par
caprice ; mais on réfléchit à tout ce qui peut s'ensuivre et on ne
le fait que quand on peut espérer de faire son bonheur, celui de
sa femme et de ses enfants, s'il plaît à Dieu d'en envoyer.

Malgré son grand, son perpétuel désir d'établir ses filles,
Marie-Caroline ne songeait pas à ce moment à faire ou à
faire faire l'ombre d'une proposition au duc de Genevois. Il
aurait fallu pour cela qu'il se fût produit, tant dans l'esprit
de la reine des Deux-Siciles que dans l'esprit et les manières
de celui qui allait pourtant devenir son gendre quatre ans
plus tard, un changement radical. Voici en effet le jugement
assez peu flatteur que Marie-Caroline, qui s'y connaissait
en hommes, avait porté sur lui lors de son passage par
Naples au mois de mai de la même année :

Nous avons à présent ici, écrivait-elle à Gallo, le duc de

1. La famille royale de Naples.
2. Né en 1765, le duc de Genevois avait en effet à ce moment 38 ans.

Genevois, venu de Sardaigne et qui doit aller retrouver ses frères à Rome. Il est toujours encore à peu près le même qu'il était il y a dix-huit ans à Turin, aussi emprunté et aussi peu au courant des choses et du monde.

S'il n'avait pas eu les résultats auxquels Victor-Emmanuel tenait si fort, le séjour du duc de Genevois à Naples n'avait cependant pas été tout à fait inutile. Au lieu et place de la princesse qu'on n'avait pas songé à lui offrir, on lui avait « accordé » six canons de bronze de 12 avec 200 boulets du calibre correspondant, qu'il avait demandés au roi de Naples dans une lettre particulière, pour l'usage de la marine royale, et on lui avait en outre fait cadeau de deux demi-galères armées d'un canon de 36 pour défendre le littoral de la Sardaigne contre les incursions Barbaresques.

Le 14 novembre 1803, le duc de Genevois était de retour à Cagliari et y reprenait aussitôt la direction des affaires et ses fonctions de Vice-Roi.

Dès les premiers jours de 1804, la probabilité de plus en plus menaçante d'une rupture entre la France et la Russie avait amené le roi et Rossi, le successeur de Chalambert, à se demander où il leur faudrait dans ce cas, vu l'impossibilité de rester à Rome, diriger leurs pas et établir leur résidence. « Nous attendons, écrivait Rossi le 14 janvier 1804, la réponse de la Cour de Vienne sur la demande d'un asile... »

Quelques jours plus tard (février 1804), dans une de ses dépêches de Pétersbourg, de Maistre se préoccupait de la situation :

A Rome, sa Majesté est doublement dépendante. Elle l'est d'abord à l'égard d'un gouvernement faible dans tous les sens de ce mot, et d'un ministre bonnet-rouge qui signerait, si Bonaparte le lui ordonnait, qu'il n'y a que deux personnes dans la Trinité. Elle l'est encore plus à l'égard de ce même Bonaparte qui est le maître de faire au Roi cent querelles insolentes et de le chasser enfin, si tel est son bon plaisir...

Et comme la réponse de Vienne continuait de se faire attendre (elle ne vint du reste pas), Victor-Emmanuel, sentant la nécessité de s'établir en un point où il serait à la fois à l'abri d'un coup de main et en mesure de s'embarquer pour la Sardaigne, arrêta son choix sur Gaëte. Sauf avec le roi de Naples, auquel il lui fallait d'autant plus dire toute la vérité, que Ferdinand IV se serait assurément bien volontiers privé de l'honneur de lui donner l'hospitalité dans ses Etats, Victor-Emmanuel avait cru sage et politique de donner le change à l'opinion, de détourner surtout les soupçons des Français et de cacher la véritable cause de son départ de Rome en mettant en avant, comme à peine arrivé à Gaëte le 30 juin il le mandait à son frère Genevois, les soins et les cures que réclamait l'état de santé de la reine et de ses enfants.

Comme la raison de notre voyage a été les bains d'Ischia pour ma femme, qui en effet en a besoin, et que Béatrix a besoin de bains de mer pour ses glandes, qui n'ont pourtant pas augmenté, mais pour les résoudre tout à fait, à Rome on s'en est si bien persuadé que tous les discours, qu'on avait commencé à faire, sont tombés, et on est persuadé qu'en trois mois nous serons de nouveau là. La Constestabilesse [1], qui est *pussa* [2], fait un *plangisteri* [3] continu, aussi nous la nourrissons de cette idée.

On avait, du reste, depuis quelque temps déjà, travaillé à égarer l'opinion. La famille royale de Sardaigne se montrait partout.

Il y a eu bal chez la duchesse de Cumberland, écrivait à peu près au même moment Marie-Thérèse à son beau-frère, et il n'y eut d'invité aucun Français, mais, du reste, tous les étrangers de Rome et nous. Béatrix y fut et la fête fut superbe.

Quelques jours plus tard, après lui avoir dit : « Nous avons ici trois théâtres ouverts pour un grand opéra et deux

1. La princesse Colonna.
2. Expression piémontaise qui équivaut à dire : « qui nous est très attachée ».
3. Correspond au mot *Piagnisteo*, pleurnichement.

opéras comiques qui sont assez bons, puis un théâtre de singes et danseurs de corde qui est celui de Béatrix », elle ne pouvait soutenir jusqu'au bout le ton badin, cette narration de spectacles, de représentations qui répondaient si mal à son état d'esprit, et laissait échapper pour finir ce cri du cœur :

Je vous assure que vous êtes bien le moins infortuné de nous tous, et si ce fût à moi de décider, il y aurait longtemps que nous serions en Sardaigne, où je ne trouve pas de charme local, mais au moins l'avantage d'être au milieu de son pays sûrement fidèle et à charge de personne...

Dans la position toute particulière dans laquelle se trouvait Victor-Emmanuel, il avait encore, après son arrivée à Gaëte, une grosse difficulté à surmonter. Il s'agissait de faire agréer ce départ par les ministres de Russie et d'Angleterre, qui n'avaient guère goûté les quelques ouvertures, les quelques allusions fort vagues et fort prudentes qu'on avait fait mine de leur faire. Aussi le roi avait-il mis à profit le court arrêt qu'en route pour Gaëte il fit à Albano, pour donner des instructions formelles à Rossi :

Vous écrirez à mes ministres, aux Cours étrangères et surtout à Maistre [1] qu'il n'y a d'autres raisons à mon départ que la santé de la reine et que la secrétairie continue à rester à Rome. Vous marquerez à Maistre qu'il assure le ministère russe que des motifs impérieux de la santé de ma femme m'ont obligé de prendre cette détermination, mais que je me suis éloigné le moins possible pour que cela ne fût attribué à d'autres motifs... Vous le préviendrez secrètement pour sa règle que Lizakevitch désapprouve cette absence, mais que, comme c'est la santé et *peut-être la possibilité d'avoir un fils* qui m'y oblige, je n'ai pas cru m'en dispenser.

En réalité, Victor-Emmanuel, alarmé par l'arrestation de Vernègues et persuadé à tort ou à raison que le gouvernement français en voulait à sa personne, ne se sentit en sûreté que lorsqu'il fut arrivé à Gaëte.

1. Ministre de Victor-Emmanuel à Saint-Pétersbourg.

Gaëte, écrit-il à son frère le 30 juin, est une place imprenable au bord de la mer. Son gouverneur, le prince de Hesse, est un bon militaire et notre bon ami ; il m'a logé supérieurement bien et nous comble d'attentions. Le roi et la reine de Naples ont envoyé le prince de Cardito nous complimenter et nous offrir tout ce que nous pourions désirer, inclusivement au logement, à Naples, dans toutes leurs maisons, en nous marquant leur empressement de nous voir...

Les quelques lignes, extraites d'une autre lettre de Victor-Emmanuel à son frère en date du 29 juillet, ne sauraient laisser subsister l'ombre d'un doute sur les véritables causes de son départ de Rome. Il venait d'apprendre à ce moment que la nouvelle de son arrivée à Gaëte avait fait faire la grimace à l'ambassadeur de France à Vienne.

L'humeur, disait-il, qu'il paraît en montrer, ferait croire que nous avons eu raison et qu'ils eussent voulu nous reprendre à force de confiance, comme ils ont fait à Turin ; mais il est difficile qu'on se laisse attraper deux fois de la même manière.

Loin d'être un poltron, loin de fuir le danger, Victor-Emmanuel avait peut-être surtout voulu se mettre à l'abri, parce qu'il avait tout lieu de penser qu'Alquier était au courant des projets qu'il ruminait contre la France. Il s'était pris de nouveau à croire qu'il allait pouvoir réaliser les espérances qu'il avait conçues en 1799, au moment où il se voyait sur le point de rejoindre Souvaroff et de combattre à ses côtés. Cette fois encore la rupture entre la France et la Russie lui semblait inévitable et prochaine, et sans en souffler mot à ses ministres il avait fait part à Lisakevitch de ses demandes et de ses propositions, qu'un courrier extraordinaire russe emportait à Pétersbourg, au moment où il quittait Albano pour se rendre à Gaëte. Victor-Emmanuel tenait si fort à traiter directement cette grave question avec Lisakevitch qu'en réponse à un billet, par lequel il l'invitait à correspondre désormais avec lui sans passer par la *Secrélairie*, le ministre russe s'empressait de le rassurer en lui expliquant, dans une lettre en date du 17 juillet; «le motif qui m'avait engagé, disait-il, de m'ouvrir au Chevalier Rossi sur *une partie des matières que nous avons fait passer à ma Cour*. Mais comme à présent Votre Majesté me prévient de les lui faire adresser de la manière indiquée, je m'abstiendrai dorénavant de lui en parler ».

Le 25 septembre, Lisakevitch adressait à Victor-Emmanuel une dépêche qui à elle seule suffit pour se faire une idée à peu près exacte des propositions et des espérances du roi.

Par le courrier de samedi, je ferai parvenir aussi à ma Cour les idées de Votre Majesté exprimées dans sa seconde lettre, et j'appuyerai sur l'occupation d'Ancône et de Gaëte et sur les subsides qu'on doit fournir à Votre Majesté pour le corps qui sera transporté de la Sardaigne et pour celui qui sera levé en Italie et qui sera composé de Piémontais et d'autres peuples italiens, afin de les mettre sur pied agissant. Je dois observer ici que ma Cour aura immanquablement pris les moyens nécessaires pour se concerter sur cet article avec la Cour de Londres.

Attribuer le départ de Rome et l'établissement à Gaëte à un accès de frayeur ou à un sentiment égoïste de conservation personnelle serait faire injure au caractère de Victor-Emmanuel. A vrai dire, en cherchant un abri sûr pour lui et pour les siens, il avait eu surtout pour but de pouvoir suivre en toute tranquillité les projets qu'il caressait depuis 1799, qu'il n'avait jamais abandonnés, et auxquels il ne pouvait se décider à renoncer. Soldat dans l'âme comme tous ceux de la maison, il brûlait du désir de prendre personnellement part à la revanche des désastres qu'il n'avait pu conjurer, à la campagne victorieuse qui lui aurait rendu ses Etats héréditaires.

Victor-Emmanuel avait d'autant plus de raisons de croire à la réalisation prochaine de ses légitimes espérances, de ses vœux les plus ardents, qu'il connaissait déjà le sens et qu'on allait bientôt lui communiquer le texte même des instructions secrètes, en date du 17 septembre 1804, que le cabinet de Saint-Pétersbourg fit tenir à Novosiltzoff, son ambassadeur à Londres.

Le roi de Sardaigne, envers lequel la Russie et l'Angleterre ont contracté des engagements, ne saurait être oublié dans la conduite et l'arrangement des affaires de l'Italie, et ce monarque sera peut-être le premier qui pourra donner un exemple utile. La sûreté de l'Europe exige qu'il soit non seulement rétabli dans ses États, mais que son partage devienne aussi considérable que possible.

Cette part était déterminée d'une façon plus précise dans l'un des paragraphes de l'article secret :

Le Piémont sera rendu au roi de Sardaigne avec Gênes et une partie de la Lombardie ; ce qui formera une puissance intermédiaire et respectable qu'il est dans l'intérêt de la Russie de consolider autant que possible.

Le Comte de Front, ministre de Sardaigne à Londres, n'avait pas tardé à trouver le moyen de tenir le roi au courant de ces tractations, et il était assez sûr de son fait pour lui rendre compte, dans une dépêche chiffrée, de l'état exact des négociations en cours, en ce qui concernait les affaires de son pays.

La situation dangereuse du bureau de Votre Majesté à Rome (où Victor-Emmanuel avait cru bon de le laisser), si la guerre venait à éclater entre la France et la Russie, me force à être très circonspect dans mes rapports ; mais je ne puis laisser passer cette occasion sans confier à Votre Majesté que le cabinet britannique est non seulement convaincu de la nécessité de rétablir Votre Majesté dans ses anciens États, mais de celle de l'agrandir autant que possible du côté de la mer pour la mettre mieux à même de défendre la clef des Alpes. D'après cette conviction, le cabinet britannique a proposé à la Russie de mettre le rétablissement et l'arrondissement de Votre Majesté pour base des combinaisohs avec une autre puissance continentale, sans le secours de laquelle il n'y a rien à faire sur le continent.

Le Ministère anglais n'aura pas de peine à faire agréer ses bases à celui de Russie, car je sais qu'à peu de différence près, quant à l'agrandissement, il pense de même et qu'il en prendra des mesures pour faire agréer ce plan et en assurer son exécution, si elle pourra engager une troisième puissance à faire cause commune avec elle. C'est de ce concours que tout dépend, mais les dispositions ici sont telles que Votre Majesté peut les désirer.

Je ne sais qu'indirectement ce dont je viens de rendre compte à Votre Majesté, le Ministère anglais ne m'en ayant jamais parlé, mais je le sais pour sûr, quoique sous le plus grand secret, que je supplie Votre Majesté, pour ses propres intérêts, de vouloir bien garder, la prévenant que j'en ai, autant que le secret me l'a permis, touché quelque chose pour sa règle au comte de Maistre.

Plus confiant que jamais dans son étoile, croyant déjà toucher au but, Victor-Emmanuel ne perdit pas un instant de vue les négociations en cours entre les Coalisés et ne cessa de se préoccuper des questions de l'agrandissement qu'il comptait obtenir. A partir de ce moment, il multiplie ses instructions à de Maistre, dont il apprécie à leur juste valeur le labeur et les qualités, mais dont il redoute les préférences, les antipathies, l'entêtement et une indépendance si grande qu'elle était capable d'aller jusqu'à l'insubordination.

Vous écrirez à Maistre, prescrit-il à Rossi, que je suis ferme à préférer une partie du Piémont avec Gênes à un Etat plus grand où il n'y aurait aucune partie du Piémont et, pis encore, s'il en était séparé, quand même il serait beaucoup plus grand. Si je faisais tant que d'avoir Gênes et la partie du Piémont à droite du Piémont ou du Tanaro, ce serait à moi de ne plus me la laisser enlever et je n'en serais nullement embarrassé comme aussi à gagner à la première occasion le reste ou à me mettre en état de le faire en peu de temps.

Un peu plus tard, voyant que de Maistre insistait sur les avantages qu'il y aurait à renoncer au Piémont et à obtenir en échange la Toscane, Victor-Emmanuel écrivait à Rossi :

Maistre est un bon magistrat et un bon diplomate, mais il ne comprend rien à ce qui fait la force d'un Etat militairement. Chacun pour son métier. Celui des armes est le mien, et par conséquent je connais mieux que lui les avantages et désavantages d'un pays que j'ai continuellement étudié et je l'ai vu en pratique plusieurs années. Je suis d'accord avec Maistre pour l'importance de Gênes, mais point de Toscane.

Et insistant sur ce qui lui tenait tant à cœur, il ajoutait en terminant sa dépêche : « Dieu veuille pour nous que ce soit le Piémont et Gênes et ce de plus qu'il sera possible d'attraper. »

Connaissant à fond les idées de Maistre et redoutant toujours quelque concession imprudente, il parlait un peu plus tard à Rossi de la Sardaigne :

Je crains, lui disait-il, que Maistre, qui a une antipathie personnelle pour la Sardaigne, ne cherche de la troquer. Or je crois qu'une île nous est utile, car, si nous n'eussions eu que le continent nous serions perdus et notre reconnaissance pour la Sardaigne, qui nous a maintenu une couronne sur la tête, exige qu'on fasse tout le possible pour la conserver.

Si l'on ne peut qu'approuver sans la moindre réserve les recommandations que Victor-Emmanuel faisait à Rossi et les instructions qu'il le chargeait de donner à de Maistre, il ne saurait en être de même en présence du mécontentement qu'il éprouva en prenant connaissance du conseil que le cabinet de Saint-Pétersbourg avait jugé indispensable de lui donner, de la condition que, d'accord avec la Grande Bretagne, la Russie avait nettement formulée dans les instructions secrètes envoyées à Novosiltzoff :

L'arme la plus puissante, y était-il dit, dont se soient servis jusqu'à présent les Français et avec laquelle ils menacent encore tous les pays, est l'opinion universelle qu'ils ont su répandre que leur cause est celle de la liberté et de la prospérité des peuples. Il serait honteux pour l'humanité qu'une cause si belle dût être considérée comme le propre d'un gouvernement, qui ne mérite sous aucun rapport d'en être le défenseur. Il serait dangereux pour tous les États de laisser plus longtemps aux Français l'avantage marquant d'en conserver l'apparence.

Partant de cette idée, les deux puissances, qui avaient déjà laissé entrevoir au roi de Sardaigne qu'il « serait peut-être le *premier* qui pourra donner un exemple utile »; lui déclaraient maintenant que :

En le rétablissant sur son trône et en augmentant son lot, elles pouvaient très bien réunir *leurs conseils efficaces* afin de l'engager à donner à ses peuples une constitution libre et sage.

Sa Majesté Sarde reconnaîtra sans doute Elle-même, combien Son propre intérêt lui commandera de proclamer une telle promesse et de la tenir, et ce n'est qu'en adoptant ce genre de conduite que ce prince sera à même d'être personnellement d'une grande utilité à la cause commune.

C'était là, quoiqu'on ait tenu à le dire dans les instructions, non point un conseil qu'on donnait au Roi, mais une condition qu'on lui imposait et surtout une pilule bien dure à avaler. De Maistre le fit assurément remarquer à Saint-Pétersbourg puisque, comme il le mandait au roi le 27 mars 1805 :

Le prince Czartoryski me dit ces paroles remarquables : *Il serait bien singulier qu'on ne fût pas content de régner comme règne le roi d'Angleterre.*

Et de Maistre d'ajouter :

Ce discours, dans la bouche du Premier Ministre de l'Empire de Russie est peut-être une des plus singulières choses qu'on ait pu remarquer à cette singulière époque. Votre Majesté voit l'esprit du Maître et celui des jeunes Ministres qui l'environnent.

Pour grande qu'ait été la stupéfaction éprouvée par Victor-Emmanuel à la lecture de la dépêche de Maistre, elle l'avait été bien moins que la déception que lui avait causée la manifestation d'idées qu'il ne s'attendait assurément guère à voir le successeur de Pierre le Grand et de

Catherine II, non seulement recommander, mais en réalité imposer à un de ses frères et cousins, au descendant d'une vieille maison souveraine, à un monarque qui, au moins autant que lui, croyait tenir ses droits, ses prérogatives, son pouvoir de *la volonté de Dieu*. Nul peut-être plus que Victor-Emmanuel, imbu des idées d'autrefois, n'était l'ennemi de tout progrès, l'adversaire par conséquent de tout ce qui aurait pu mettre une limite au pouvoir absolu du prince. Trop fin politique pour entamer une discussion qui n'aurait pu tourner qu'à son désavantage, il ne laissa rien paraître de ses sentiments intimes. Loin de se laisser aller au découragement, doutant moins que jamais du succès final, il ne perdit pas un seul instant de vue le but unique de tous ses efforts, de toute sa vie, et continua de travailler de toutes ses forces, non seulement à la libération de ses Etats, mais à l'agrandissement de son royaume.

Entre temps, se cramponnant avec l'énergie du désespoir à une autre idée qui obsédait son esprit aussi violemment que celle de sa restauration sur le trône de ses pères, à « *la possibilité d'avoir peut-être un fils* », Victor-Emmanuel avait emmené la reine à Ischia. Il espérait que, pris sur place, les bains auraient un effet autrement efficace que l'année précédente où il avait fait envoyer à Gaëte les quantités d'eau nécessaires à une cure qui, heureusement, pour Charles-Albert et ses descendants, ne répondit pas plus en 1805 qu'en 1804, aux espoirs du couple royal.

La mauvaise fortune ne se lassait pas du reste de poursuivre le pauvre roi, qui ne s'attendait guère à la surprise que les éléments allaient lui ménager dès le lendemain (26 juillet 1805) de son arrivée à Ischia.

Nous sommes arrivés ici en bonne santé, écrit-il à ce propos à son frère. Le lendemain, nous levant de table après le souper, nous eûmes la très désagréable surprise d'un tremblement de terre très fort, accompagné d'un grand bruit. Il commença par un mouvement presque insensible pendant à peu près deux minutes; mais il finit par un violent les deux dernières minutes secondes *(sic)* qui secoua les fenêtres, toutes les tables et les poutres des planchers, faisant trébucher tout le monde et donnant même des vertiges, comme ferait le mouvement d'un bateau sur mer... et nous passâmes la nuit sous une tente...

Les pauvres souverains exilés n'étaient pas encore au bout de leurs pérégrinations et de leurs angoisses. A peine étaient-ils arrivés à Castellone, que la variole se mit à sévir d'une façon effroyable à Gaëte et sur tout le littoral. C'était là pour eux une épreuve d'autant plus dure que cette horrible maladie leur avait déjà enlevé naguère leur fils unique, le petit prince Charles-Emmanuel. Et cependant on eut beau les supplier de faire vacciner leurs enfants, rien ne put vaincre leur résistance et, comme Roburent le mandait à à Rossi : « LL. MM. ne veulent pas en entendre parler ».

La guerre était d'ailleurs dans l'air. Elle seule absorbait maintenant l'attention de Victor-Emmanuel, qui, reprenant ses vieilles idées, ne songeait plus qu'aux moyens de recruter et de constituer une *Légion italienne*, dont il aurait été le chef. Oubliant, négligeant tout le reste, il était revenu à la charge, mais sans plus de succès que par le passé. Connaissant et redoutant l'humeur batailleuse de son roi, jugeant avec raison que la réalisation de l'idée favorite de Victor-Emmanuel ne pouvait que l'exposer, sans profit aucun, à de réels dangers, de Maistre s'efforçait, dans ses dépèches à Rossi, de détourner son souverain de son chimérique projet.

Le Piémont, sous le rapport militaire, est aussi nul dans ce moment qu'un village de la Romagne ; la bonne volonté de ses habitants est inutile pour Sa Majesté et celle de Sa Majesté est inutile à ses anciens sujets. Prenez donc bien garde, Monsieur, que des espérances, hélas ! trop séduisantes, n'exposent la personne du roi.

Mais le roi n'en démordait pas et persistait, malgré l'accueil plus que froid que les alliés continuaient à faire à ses ouvertures, à croire à la possibilité d'arriver à ses fins.

Les démarches que sur son ordre Rossi avait faites auprès d'Elliot, le ministre d'Angleterre à Naples, n'avaient abouti à rien, qu'à une réponse évasive qui ressemblait fort à une fin de non recevoir. Elliot ne lui avait tenu que des propos fort vagues « sur l'effet qu'aurait pu produire la présence du roi à la tête d'un corps qui porterait ses drapeaux, lesquels deviendraient un signe de ralliement pour tous ses fidèles sujets ». Rossi avait insisté sur le désir de son souverain « de se montrer et de lever des troupes, mais qu'il fallait lui en fournir les moyens ». Il s'était de plus efforcé, sans pouvoir cependant y parvenir, de prouver au ministre d'Angleterre, que « si, en attendant, les alliés prenaient à leur solde un noyau, que l'on tirerait de la Sardaigne, ou qu'on assemblerait à Naples des diverses provinces d'Italie, il était expédient de lui donner le nom de *Légion italienne*, parce que cela procurerait une réclutation (*sic*) plus abondante ». La dénomination de Légion italienne n'avait pas eu l'heur de plaire à Elliot, et Rossi ajoute du reste simplement, sans essayer de pallier la vérité ou de chercher la cause de cette antipathie : « Sur quoi, M. Elliot propose la dénomination de *Légion Sarde* et je n'en ai fait aucune difficulté, me réservant de prendre les ordres de Votre Majesté. »

Évincé par Elliot, Rossi s'était rejeté, mais sans plus de bonheur, d'abord sur Tatistcheff, puis sur les généraux russes et anglais qui se trouvaient à Naples à ce moment.

Le roi personnellement et moi-même de son ordre, écrivait le 18 décembre 1805 Rossi à de Maistre, leur avons exprimé le vif désir de Sa Majesté de coopérer de tout son pouvoir au succès de leurs efforts et à l'avantage de la cause commune, pourvu qu'on lui en fournisse les moyens. Mais rien ne se décide à ce sujet, les Russes nous envoyant aux Anglais et ceux-ci aux Russes. Cependant il n'y a aucun doute que le drapeau du roi, flottant sur un bataillllon à lui, appellerait sous son ombre des milliers d'anciens soldats de toutes les parties de l'Italie et de la Suisse et que, si les circonstances permettaient d'avancer vers le Pô, ce corps pourrait faciliter toutes les entreprises ultérieures.

Mais lorsque cette dépêche arriva à destination, il n'y avait déjà plus rien à espérer. Ecrasée à Austerlitz, la coalition était rompue et, le 26 décembre, l'Autriche s'estimait heureuse d'échapper à une ruine complète en acceptant les conditions que lui imposait le vainqueur.

Peu de jours après l'expédition de l'inutile dépêche de Rossi, le 22 décembre 1805, Victor-Emmanuel, dévoré d'inquiétude, était venu s'établir à Naples, où le désarroi, la confusion, la terreur étaient à leur comble. Après avoir bravé et provoqué Napoléon, en violant le traité de neutralité qu'elle venait de signer, la Cour de Naples s'apercevait trop tard de la faute irréparable qu'elle avait commise. Ne sachant plus que faire, complètement désorienté bien qu'on n'y connût pas encore dans toute leur grandeur les conséquences de la journée du 2 décembre, on avait entre temps pensé recourir à Victor-Emmanuel.

Les généraux, écrivait Rossi à Front, le 15 décembre, ont manifesté le plus vif désir d'être guidés et éclairés par les conseils du roi[1] et m'ont dit sans détours qu'ils se flattaient qu'il se tiendrait à portée du quartier général pour les assister de ses lumières.

Mais tout en faisant part à Front de ses démarches dont il se réjouissait, parce qu'elles lui semblaient devoir rehausser encore le prestige de son souverain, il ne pouvait cependant s'empêcher d'ajouter :

Ce qui m'inquiète, c'est qu'il paraît que les généraux russe et anglais commencent à n'être pas d'un parfait accord dans leurs plans et, outre les funestes conséquences qui peuvent en résulter pour les affaires en général, cela mettrait aussi Sa Majesté dans un grand embarras pour ses déterminations, qui ne pourraient pas être également agréables aux deux partis, quoique son intention et son intérêt soient de les ménager également tous les deux.

Victor-Emmanuel n'allait pas se trouver dans l'embarras

1. Carlo de Nicola, *Diario Napoletano dal 1798 al 1825*. Tome II, page 177.

que Rossi redoutait à bon droit pour lui. Quelques heures avant son arrivée à Naples, on y avait reçu la nouvelle, non seulement de la victoire d'Austerlitz, mais de la signature de l'armistice que François II avait été obligé de demander à Napoléon [1]. Le séjour forcément court, que Victor-Emmanuel fit à Naples, fut néanmoins d'autant plus triste, et d'autant plus douloureux pour lui, qu'appelé trop tard pour avoir chance de porter remède à un état de choses absolument désespéré, il ne put être que le spectateur impuissant des dernières convulsions d'un régime que ses fautes, ses crimes, sa duplicité et sa félonie avaient conduit à sa perte. Brave, loyal et droit comme il l'était, il avait dû souffrir cruellement, dans son légitime orgueil de souverain, de la pusillanimité, de la lâcheté de Ferdinand IV, ne songeant qu'à mettre en sûreté sa peu intéressante personne, s'embarquant dans la nuit du 23 au 24 janvier à bord de l'*Archimède*, ne rougissant pas de laisser derrière lui la reine Marie-Caroline et ses enfants. Quelque coupable qu'ait été la reine des Deux-Siciles, quelque lourde que soit sa part de responsabilité dans la crise qui provoqua le 37ᵉ Bulletin et la dépêche de Napoléon à Talleyrand, de Schœnbrunn, le 23 décembre 1805, Victor-Emmanuel ne put certainement se défendre d'admirer cette femme qui, restée seule à Naples pour essayer de faire tête à l'orage, se raidissant contre les coups terribles qui la frappaient, ne se décida que près de trois semaines après la fuite de Ferdinand IV, le 11 février, en voyant que tout était irrémissiblement perdu, à sortir de ce palais royal où le vide s'était déjà fait autour d'elle, à quitter cette ville, ce royaume qu'elle ne devait plus revoir.

Pendant ces quelques semaines, Victor-Emmanuel s'était remis à peser les avantages et les inconvénients que présentaient les différents endroits qui pourraient lui servir de refuge, à se demander s'il y aurait lieu de sonder à nouveau

1. « Si dice che la Nostra Corte pensi già mettersi in sicuro in Palermo e pero siasi mandato à chiamare il Re di Sardegna da Gaeta e il Re nostro di Mondragone ove trovavasi alla caccia. » Nɪcoʟᴀ, *op. cit.*, 22 décembre 1805.

les intentions et la bonne volonté des souverains qui prétendaient être ses alliés et ses protecteurs. Dès 1803, il avait songé éventuellement à une ville du Tyrol ou de la Vénétie, tant à cause de la proximité du Piémont que de la facilité qu'il aurait eu de correspondre avec les Cours amies et avec ses Ministres accrédités auprès d'elles. L'Empereur n'avait guère goûté cette idée, sur laquelle on n'avait pas insisté pour ne pas s'exposer à une réponse négative. A peu près à la même époque « les Russes lui avaient fait préparer un palais, à Corfou, et les Anglais, le palais du Gouvernement ou du Grand Maître, à Malte ». Mais Victor-Emmanuel n'avait pu, à juste titre, se résoudre à accepter ces offres, parce qu'il lui importait alors de ne pas s'éloigner de l'Italie, de ne pas quitter le continent et de se tenir aussi à portée que possible de son royaume de Sardaigne, enfin parce qu'il ne pouvait et ne voulait « aliéner l'esprit des Sardes qui seraient sans doute choqués de cette préférence ».

Czartoryski, de son côté, avait fait proposer au roi de venir s'établir à Odessa, et de Maistre naturellement y poussait : « Voici un axiome à l'égard de la Sardaigne — écrivait-il en formulant en peu de mots un de ces paradoxes dont il était coutumier —. Tant que le roi n'y est pas, c'est un royaume ; dès qu'il y est, ce n'est plus rien. »

Toujours est-il qu'au milieu de toutes ces offres, de tous ces refus, de toutes ces correspondances et de ces ouvertures, la Cour de Sardaigne, à la veille du jour où il allait lui falloir quitter Naples, se demandait encore, non sans quelque inquiétude, dans quel point du continent européen on consentirait à lui donner asile. Mais la solution n'intervenait pas, le temps pressait, si bien que, le 31 janvier 1806, Victor-Emmanuel se décidait à écrire à son frère :

Si les Français entrent à Naples, je m'embarquerai aussitôt et ne pouvant plus rien faire sur le continent pour ce moment, je passerai chez moi, en Sardaigne, malgré toutes les offres faites...

On est toujours mieux chez soi... Je préfère aller en Sardaigne [1],
où j'aurai toujours quelque chose à faire pour le bien du pays.

Cette résolution s'imposait d'autant plus impérieusement
au roi qu'il avait tout à craindre des conséquences du traité
de Presbourg. Les appréhensions naturelles que lui inspi-
raient les revirements probables de la politique des différents
États de l'Europe, étaient si grandes et si vives que, dès le
15 janvier 1806, il avait fait poser à de Maistre les questions
suivantes, auxquelles celui-ci aurait été bien embarrassé de
répondre :

Pourrons-nous compter encore sur l'intérêt de la Russie ? Sur
la continuation du subside ? Sur des secours qui nous conservent
au moins la Sardaigne ? Faudra-t-il renoncer au Piémont d'une
manière formelle ? Faudra-t-il reconnaître l'Empereur et Roi du
globe terrestre ?

Alexandre Ier était trop généreux pour abandonner un
allié malheureux, un pauvre exilé qui n'avait plus d'espoir
qu'en lui. Non content de mettre à la disposition de la
famille royale de Sardaigne le vaisseau sur lequel elle
s'embarqua le 11 février, le tzar avait prescrit en outre à
Lisakevitch de suivre le roi à Cagliari et de rester près de
lui en qualité de ministre plénipotentiaire et d'envoyé extraordinaire.

Mais il ne suffisait pas à Victor-Emmanuel de rentrer
dans l'île, où « la réception, au dire de Rossi, a été telle
qu'on avait lieu de s'y attendre, les démonstrations de res-
pect et de fidélité ayant été accompagnées des transports les
plus significatifs d'attachement et d'amour pour nos bons et
augustes exilés ». Il lui fallait encore songer de suite à assu-

1. Le 18 octobre 1805, Victor-Emmanuel, écrivant à son frère, lui avait exposé bien nettement ses idées, d'ailleurs fort justes, par rapport à la Sardaigne :
« Je crois qu'une île nous est utile, car si nous n'eussions eu que le continent, nous serions perdus, et notre reconnaissance pour la Sardaigne, qui nous
a maintenu une couronne sur la tête, exige qu'on fasse tout le possible pour la
conserver et jamais je ne me résoudrai à la céder que pour le Piémont seul,
mais pas pour un autre État. »

rer la sécurité de la Sardaigne. La *Sviata Prascovia*, qui l'avait amené de Naples, ne pouvait y rester. Il importait donc avant tout d'obtenir du gouvernement britannique l'envoi d'un stationnaire et la promesse de fournir les armes et les subsides indispensables pour organiser et entretenir la défense du pays. Le cabinet de Saint-James mettait si peu d'empressement à répondre que, le 20 mars 1806, le roi écrivait au comte de Front :

Si Mylord Nelson était encore en vie, nous serions plus tranquilles, mais nous ne pouvons pas avoir la même confiance dans l'amiral Collingwood qui ne s'est pas encore fait voir dans ces murs.

La situation, on le voit, loin d'être brillante, n'était même pas rassurante. Six ans et demi s'étaient écoulés depuis le jour où le duc d'Aoste avait quitté l'île, plein d'enthousiasme et d'ardeur, ne rêvant que combats et victoires, se berçant de l'espoir, presque sûr même, de participer aux opérations qui devaient rendre le Piémont à ses légitimes souverains. Six ans et demi s'étaient écoulés, et, loin d'avoir reconquis ses fiefs héréditaires, il rentrait dans l'île, le chef ceint de la couronne royale, mais plus triste, plus besogneux que lors de son départ, mûri, mais aussi aigri par l'expérience et les malheurs, quelque peu désillusionné sur le compte de l'humanité en général et surtout sur celui des souverains, ses frères et cousins et ses alliés, la rage au cœur de n'avoir pu tirer l'épée et de voir son mortel ennemi triomphant et à l'apogée de la gloire. Mais malgré tous ses déboires, malgré toutes ses humiliations, malgré tous ses chagrins, il conservait entière, intacte, inébranlable, sa foi dans les destinées de son pays, sa confiance dans une restauration à laquelle il s'était flatté de coopérer, lorsqu'au moment de s'embarquer il se croyait en route pour le quartier-général de Souvaroff, restauration qu'il allait lui falloir encore attendre pendant huit longues années au milieu des tristesses et des privations de l'exil.

Mes lecteurs me pardonneront, je l'espère, de m'être laissé entraîner bien au delà des limites qu'auraient dû avoir de simples notes et de n'avoir pas su me modérer dans les emprunts que j'ai faits au travail si consciencieux et si instructif de Domenico Perrero. Ils ne m'en voudront donc pas si, comptant sur leur indulgence, je ne peux résister à la tentation de faire passer sous leurs yeux trois pièces qui me paraissent dignes de fixer l'attention.

Quelque puériles et inutiles d'une part, déclamatoires et presque ridicules de l'autre, que puissent paraître les déclarations que Victor-Emmanuel chargeait Rossi de faire, à deux ans de distance, en 1808 et 1810, on ne saurait cependant s'empêcher de reconnaître qu'elles prouvent péremptoirement que la mauvaise fortune n'avait pas de prise sur le pauvre roi en exil. Abandonné de tous, manquant de tout dans son île, au risque d'attirer sur lui la colère du maître du monde et de se voir chassé de son dernier asile, il avait cru de son devoir et de sa dignité de répondre par une protestation, bien dangereuse pour lui quoique platonique, aux insinuations du cabinet de Saint-Pétersbourg, aux conseils qu'Alexandre Ier, à ce moment l'admirateur de Napoléon, lui avait fait donner, par la voie du Chevalier Ganières, le représentant de la Sardaigne à Vienne.

Si jamais, écrivait Rossi à ce dernier, le 24 février 1808, l'ambassadeur de Russie vous reparlait de la convenance de notre part de reconnaître Bonaparte, vous n'avez qu'à lui observer que le roi l'a reconnu comme Premier Consul ; qu'il a eu avec lui une correspondance directe d'étiquette ; que le premier à la tronquer a été Bonaparte lui-même, lequel, devenu empereur, n'a pas annoncé au roi ce changement de forme dans le gouvernement français, ni rien de ce qui s'est ensuivi et qu'ainsi Sa Majesté n'a jamais pu le reconnaître, ne pouvant, ni ne devant s'exposer à lui faire des avances qui auraient pu être dédaignées au détriment de la dignité du roi.

En lisant cette dépêche aussi fière que dangereuse et inutile, on est presque fatalement amené à se demander si cette attitude assurément courageuse, cette bravade de Victor-Emmanuel n'a pas inspiré, 23 ans plus tard, au duc François IV de Modène, l'idée, cette fois simplement saugrenue, de se refuser à reconnaître Louis-Philippe. Le triste personnage qu'était le gendre de Victor-Emmanuel, ne risquait pas de voir la France déclarer la guerre à son duché et savait bien que le cabinet des Tuileries ne lui répondrait que par le dédain et le mépris. Victor-Emmanuel, au contraire, n'ignorait pas qu'il s'exposait à des représailles autrement graves. Il le savait si bien, et il était si prêt à supporter les conséquences de son attitude de plus en plus intransigeante, qu'après Wagram, au moment même où la toute-puissance de l'Empereur était à son apogée, il ne craignait pas de faire écrire, le 16 avril 1810, par Rossi à de Maistre :

Les Français ont publié que la paix était faite avec la Sardaigne. Mais tant s'en faut. Elle n'a pas été traitée et ne peut l'être. A toutes bonnes fins, je vous rappelle que le Roi ne renoncera jamais à ses droits sur le continent.

On sourira peut-être aujourd'hui en lisant ces lignes, on sera probablement tenté de trouver grotesque et ridicule ce pygmée qui faisait mine de tenir tête au géant qui dominait et faisait trembler l'Europe. Loin de moi la pensée de vouloir être le panégyriste d'un prince bon et honnête, d'une intelligence moyenne, n'ayant reçu malheureusement qu'une instruction des plus sommaires, imbu des idées d'autrefois, ennemi déclaré de tout progrès, le meilleur cependant des trois fils de Victor-Emmanuel III qui régnèrent sur le Piémont, mais qui me semble mériter cependant d'être jugé avec quelque indulgence en raison de son admirable et inlassable patriotisme, de cette confiance qui ne l'abandonna jamais et qui, en juin 1807, lui faisait dire à son

frère au moment de son mariage : « J'espère, je suis sûr
que le bon Dieu nous redonnera ce que nous avons perdu. »

Enfin, pour terminer, je ferai un dernier emprunt à
Perrero ; je reproduirai ici quelques phrases que j'extrais
d'une lettre écrite par le roi à son frère Charles-Félix, le 10
mai 1814, le lendemain de son arrivée à Gênes, d'abord
parce qu'elle démolit de fond en comble une légende, que,
comme on va le voir, Cantu[1] a eu le tort de consigner dans
sa *Cronistoria* sans avoir pris la peine de contrôler le fait
qu'il enregistrait sans l'ombre d'une preuve, ensuite parce
que les traits saillants du caractère de Victor-Emmanuel se
retrouvent dans ces quelques lignes :

Le lendemain 6 (mai), écrit-il au duc de Genevois, nous découvrîmes le vaisseau à trois ponts, le *Prince de Galles*, lequel s'approcha, mit à la cape, me fit le salut royal et le capitaine Douglas passa à notre bord[2]. Il m'apporta l'imprimé des préliminaires de paix, l'embarquement de Bonaparte à Fréjus et son passage à l'île d'Elbe. *Peu s'en est fallu que nous l'eussions rencontré ; nous aurions été fort étonnés l'un et l'autre de nous trouver.* Le capitaine n'aurait pas manqué, voyant une frégate, de la demander à l'obéissance et de me faire faire le salut royal, comme il m'avait fait faire par l'autre vaisseau, en arborant mon pavillon au grand arbre et il m'a bien déclaré qu'il ne lui aurait certes pas répondu...

1. Cantu. *Cronistoria*, Vol. I., page 75. — « Le roi rencontra en mer le vaisseau qui portait à l'île d'Elbe Napoléon. Les gens de sa suite, et en particulier le comte de Roburent, le pressèrent de monter sur le pont afin de jouir de l'humiliation de son ennemi vaincu. Le roi refusa. »

2. Victor-Emmanuel était à bord de la *Boyne* que les souverains alliés avaient mise à sa disposition pour le conduire de Cagliari à Gênes.